ROLL

ART ET ESTHÉTIQUE

Études publiées sous la direction de M. PIERRE MARCEL

A.-Ferdinand Hérold

Roll

LIBRAIRIE FÉLIX ALCAN

LIBRAIRIE FÉLIX ALCAN

ART ET ESTHÉTIQUE

Collection publiée sous la direction de
M. PIERRE MARCEL

Volumes in-8 écu, avec reproductions hors texte, à 6 et à 10 fr.

Ouvrages publiés :

Titien, par Henry Caro-Delvaille.
Velazquez, par Aman-Jean.
Greuze, par Louis Hautecœur.
Holbein, par L. Fougerat.
Hokousaï, par Henri Focillon.
Puvis de Chavannes, par René Jean.
Giorgione, par Georges Dreyfous.
William Morris, par G. Vidalenc.
Rembrandt, par Ch. Coppier.
Degas, par Henri Hertz.
Le Caravage, par G. Rouchès.
Goya, par Jean Tild.
Courbet, par A. Fontainas.
L'Art Norvégien contemporain, par G. Vidalenc.
Memlinc, par Georges Huisman.
Les Artistes Écrivains, par P. Ratouis de Limay.
Phidias et le génie grec, par Henry Caro-Delvaille.
L'Ancien Art Bulgare, par Bogdan Filow.
Hogarth, par André Blum.
Constantin Meunier, par André Fontaine.
L'Art et les Artistes en Pologne, par Jean Topass.
Au Chevet de l'Art moderne, par Guillaume Janneau.
Eustache Le Sueur, par Gabriel Rouchès.

En préparation :

Philippe de Champaigne, par Ed. Pilon. — **Pisanello**, par Jean Guiffrey. — **Claus Sluter**, par Jean Chantavoine. — **Art et esthétique**, par Victor Basch. — **Poussin**, par Henry Massis. — **Daumier**, par Gustave Geffroy. — **Fromentin**, par E. Port. — **Claude Lorrain**, par R. Escholier. — **Rubens**, par R. Fierens-Gevaert. — **Fra Angelico**, par Ed. Schneider. — **Toulouse Lautrec**, par F. Carco. — **La crise présente des arts plastiques**, par Henri Hertz. — **Delacroix**, par de Traz. — **Tiépolo**, par A. Segard. — **Perroneau**, par Ch. Saunier. — **Les Caricaturistes**, par A. Bréal. — **Le Bernin**, par P. Alfassa. — **L'Art Marocain**, par G. Vidalenc.

PL. 1.

Photo Bulloz.

PORTRAIT DE ROLL

ART ET ESTHÉTIQUE

ROLL

PAR

A.-FERDINAND HEROLD

PARIS
LIBRAIRIE FÉLIX ALCAN
108, BOULEVARD SAINT-GERMAIN, 108

1924

ROLL

I

LA VIE DE ROLL

Alfred-Philippe Roll naquit à Paris le 1er mars 1846. Son père était originaire de Saverne, dans le Bas-Rhin. Jeune encore, il était venu à Paris, avec l'espoir d'y faire fortune. Il s'était établi au faubourg Saint-Antoine ; on sait que les ébénistes sont nombreux dans ce quartier ; il ouvrit une fabrique de meubles. L'industrie, modeste d'abord, prospéra assez vite, mais le fondateur n'en abandonna pas la direction. Il vivait parmi les ouvriers, et Alfred-Philippe vit, dès l'enfance, l'effort quotidien des hommes qui travaillent.

Le père ne songeait point à lui donner d'autre profession que la sienne même ; il trouvait naturel d'avoir son fils pour successeur. Mais il ne voulait pas que le patron ne fût qu'un propriétaire d'atelier, ignorant tout du labeur qu'il aurait à conduire. Il décida qu'Alfred-Philippe recevrait une instruction pratique, et, vers douze ans, il l'envoya au collège Chaptal. Roll fit ses études avec sérieux. Il n'avait point, alors, un goût marqué pour le dessin. Il pensait, avant d'entrer dans l'industrie paternelle, à passer par l'École Centrale. Il ne persista pas dans ce projet, et, au sortir du collège, vers dix-huit ans, il se mit au dessin, mais au dessin d'ornement.

Liénard jouissait alors d'une grande réputation comme ornemaniste, et les jeunes gens étaient nombreux qui suivaient ses leçons. Roll devint élève de Liénard ; on lui enseigna la pratique du dessin ; il y fit des progrès rapides, et bientôt, dans la fabrique du faubourg Saint-Antoine, on exécuta des mobiliers d'après des projets dont il était l'auteur. Roll dut encore, à cette éducation première, une connaissance réelle et un rare discernement des styles. Ce fut chez Liénard que Roll rencontra Dalou ; les deux jeunes gens conçurent l'un pour l'autre une sincère estime, et ils se lièrent d'une amitié qui ne décrut jamais.

Il ne semble pas que, pendant cette période de sa vie, Roll ait songé à peindre. C'était par les exercices du corps qu'il se délassait de ses travaux ; il montait à cheval, il était adroit à l'escrime ; il nageait, il canotait. Jamais, d'ailleurs, il ne négligea la culture physique et il s'adonna aux sports jusqu'en ses dernières années.

Mais, un jour, il noua de cordiales relations avec un jeune homme qui venait d'entrer à l'École des Beaux-Arts, M. André Rixens. Les conversations de M. André Rixens l'intéressèrent, et, non sans quelque timidité, d'abord, il s'essaya à la peinture. Au Salon de 1869, Daubigny avait exposé un paysage du Morvan ; Roll l'aima, et il voulut apprendre à peindre des paysages. Il alla trouver

Harpignies, qui lui donna quelques leçons. En 1870, au livret du Salon, c'est Harpignies qu'il indique comme son maître.

Au Salon de 1870, en effet, Roll, pour la première fois, montre de la peinture au public. Il expose deux paysages : *Environs de Baccarat* et *Le Soir*. Avaient, cette année-là, été élus membres du jury : Daubigny, Corot, Bonnat, Gérôme, Comte, Millet, Fromentin, Gleyre, Robert Fleury, Cabanel, Pils, Cabat, Delaunay, Meissonier, Chennevières, Dubufe, Ziem. Les jurés supplémentaires étaient : Chaplin, Vollon, Baudry, Bida, Courbet, Brion. Chaplin et Vollon siégèrent à la place de Daubigny et de Corot qui, l'un et l'autre, se récusèrent. Quelques critiques remarquèrent les tableaux de Roll, et en firent de rapides éloges.

Vint la guerre franco-allemande. Roll fut officier de mobiles et fit bravement la campagne. Puis, à la paix, il voyage un peu ; il visite quelques musées. Il rentre enfin à Paris, décidé plus que jamais à être un vrai peintre, et il reprend ses études.

Il va un instant à l'École des Beaux-Arts, dans l'atelier de Gérôme. Il s'aperçoit vite qu'il ne profitera guère d'un enseignement qu'il juge trop étroit, et il quitte l'École.

Bonnat avait alors un atelier où il réunissait quelques élèves. Roll se joignit à eux. Là, il travailla avec énergie ; Bonnat fut pour lui un maître attentif et bienveillant. Bientôt, d'ailleurs, Roll se sentit assez fort pour n'avoir plus de maître ; mais il garda toujours à Bonnat une affectueuse reconnaissance.

Il peint beaucoup. Il peint des figures, il peint des paysages, il peint des animaux. Il fait des études de chevaux et de taureaux. Il regarde les jeux de la lumière sur les flots et sur les champs.

A partir de 1872, il est rare qu'un Salon s'ouvre sans qu'on y voie un tableau de Roll. En 1872, il expose le *Fuyard blessé* ; en 1873, la *Bacchante* ; en 1874, *Don Juan et Haydée* : on voit combien alors ses œuvres sont variées.

En 1875, il donne *Halte-là*. Ce tableau frappe le public. Roll y avait représenté une lutte violente entre deux cuirassiers, l'un français, l'autre allemand. Les personnages étaient d'une farouche énergie ; mais, à étudier l'œuvre, on admirait la science d'animalier dont l'auteur avait fait preuve. Depuis longtemps, un peintre n'avait construit des chevaux avec une pareille solidité. Le tableau obtint une troisième médaille. Le jury qui, pour la première fois, récompensa Roll, était composé ainsi : Vollon, L. Leloir, J.-P. Laurens, A. de Neuville, Luminais, J. Dupré, Carolus Duran, Cabanel, Protais, J. Lefebvre, E. Lévy, Français, J. Breton, Bernier, Laugée, E. André, M. Cottier, E. Marcille, comte d'Osmoy, vicomte de Tauzia. Acquis par l'État, *Halte-là* fut envoyé d'abord au musée de Mayenne, puis repris pour le musée de Versailles.

L'année suivante, Roll expose un portrait, ce qu'il n'avait point fait encore : c'était un portrait d'homme. En même temps, il montre *La Chasseresse*, peinture fort intéressante. Une femme nue, à cheval, menace de l'épieu

Photo Bulloz.

HALTE-LA

une panthère que des chiens ont terrassée. Il commence des recherches qu'il continuera toute sa vie.

En 1877, paraît *L'Inondation dans la banlieue de Toulouse.* Jamais Roll n'avait exposé œuvre de pareille importance. On le sent ému par le spectacle de la misère humaine. Les forces naturelles sont méchantes ; l'homme essaie de les vaincre ; la lutte est dure, et combien de malheureux y succombent ! Le tableau intéressa le public par une incontestable grandeur, et le jury dut le récompenser. Roll obtint une première médaille. Disons encore quels étaient les membres de ce jury : Henner, Jules Lefebvre, Cabanel, Bouguereau, Jean-Paul Laurens, Hébert, Vollon, Busson, Boulanger, Dubufe, Baudry, Bernier, Louis Leloir, Cabat, Jules Dupré.

Après avoir donné, au Salon de 1878, deux portraits, un portrait de femme et celui de Jules Simon, Roll donne, au Salon de 1879, *La Fête de Silène,* tableau qui surprit par le mouvement et la vigueur, et, au Salon de 1880, la *Grève de Mineurs.*

La *Grève de Mineurs* reste une des œuvres les plus importantes de Roll. Il prouvait à quel point il s'intéressait aux douleurs ouvrières. Il avait vécu parmi les travailleurs ; il connaissait les dures conditions de leur vie ; il n'hésitait pas à montrer leur tristesse et leur angoisse ; il le faisait sans vaine déclamation, avec sobriété, avec noblesse. Par la *Grève de Mineurs,* Roll affirmait, de manière à lever les derniers doutes, qu'il était un peintre puissant : nul, désormais, ne contesterait sérieusement sa maîtrise.

D'ailleurs, l'occasion s'offrit bientôt à ses confrères de lui marquer l'estime où ils le tenaient. En 1880, il avait été décidé que l'État n'organiserait plus lui-même les Salons annuels, et, le 27 décembre, le Ministre de l'Instruction publique et des Beaux-Arts prenait un arrêté dont le premier article était ainsi conçu : « Les artistes français, peintres, sculpteurs, graveurs, architectes, ayant été admis une fois à l'exposition annuelle des artistes vivants, sont convoqués pour le mercredi 12 janvier, à l'effet d'élire un Comité de quatre-vingt-dix membres qui règlera, d'accord avec l'administration des Beaux-Arts, les conditions suivant lesquelles se fera l'exposition de 1881. » Le second article fixait à cinquante le nombre des membres à élire par la section de peinture.

Le 12 janvier 1881, comme il était prescrit par l'arrêté ministériel, eut lieu le scrutin. Roll fut un des cinquante peintres élus membres du Comité : il avait obtenu 1.159 voix. Bonnat passait avant tous les autres par 1.670 voix.

Le Comité élu se borna à fonder une société qui organisât l'exposition de 1881. Le jury qui prononcerait l'admission des œuvres à l'exposition devait être choisi par tous les artistes ayant été admis une fois au moins dans les Salons anciens. Le même jury accorderait les récompenses. Roll fut membre du jury pour la section de peinture.

Ce fut cette année-là qu'on donna une seconde médaille à Manet. Quelques membres du jury se montraient scandalisés. Bouguereau défiait ses jeunes confrères : aucun d'eux, disait-il, n'oserait attacher au cadre du tableau la pancarte attestant la récompense. Roll, sans hésiter, prit la pancarte et l'attacha au cadre.

A la suite de l'exposition de 1881, le comité élu le 12 janvier décida qu'un nouveau comité, de quatre-vingt-dix membres aussi, serait élu le 3 novembre. Le comité préparerait les statuts d'une association définitive chargée d'organiser les futures expositions des Beaux-Arts. Roll fut élu de ce nouveau comité. Le comité constitua d'abord une société qui fit le Salon de 1882, puis, aux mois de juin et de juillet 1882, il fonda la Société des Artistes français ; elle avait un double objet : « Représenter et défendre les intérêts généraux des artistes français par tous les moyens et notamment par l'organisation des expositions annuelles des Beaux-Arts; — prêter aide et assistance à ses membres, dans toutes les occasions où cela pourrait leur être utile ».

En 1882, comme en 1881, Roll avait fait partie du jury d'admission, et il y fut réélu tous les ans jusqu'en 1889. L'année suivante il quittait la Société des Artistes français.

Au Salon de 1881, il n'avait rien exposé. Mais, au Salon de 1882, il envoyait une grande toile, *Le 14 Juillet* 1880. Il renouvelait sa manière. Il avait étudié la foule, il s'essayait à en rendre les mouvements parmi les jeux de la lumière, et il réussissait à donner à un tableau populaire une valeur décorative.

En 1883, un portrait de femme et une étude champêtre, intitulée *En Normandie*, prouvent la variété de ses préoccupations. En 1884, on remarque qu'il s'intéresse toujours à ceux dont la vie est humble : il expose *Rouby, cimentier*, et *Marianne Offrey, crieuse de vert.* En 1885, voici *Le Travail* : là est peinte la vie lumineuse d'un chantier à Suresnes.

La même année, sous un titre modeste, *Étude*, Roll donne un de ses tableaux le plus justement célèbres, celui qu'on appelle aujourd'hui *La Femme au Taureau.* Il y avait longtemps rêvé, et l'on devinait qu'à le composer, qu'à le peindre, il avait éprouvé une forte joie.

En 1886, avec une étude de femme, est exposé un des plus vivants parmi les portraits que Roll a peints, celui de son ami Damoye, paysagiste. En 1887, paraît un grand tableau, plein de mouvement : *La Guerre, — marche en avant.* Roll affirme, une fois de plus, son dédain pour les conventions, quelles qu'elles soient. En 1886 et en 1889, les œuvres qu'il montre attestent son amour de la campagne et des campagnards. Il fait connaître, ces années-là, *Manda Lamétrie, fermière, — Au trot, — En été, — Enfant et Taureau.*

En 1889, il siégeait au jury de l'Exposition universelle. A l'exposition, il réunissait plusieurs de ses œuvres déjà connues, et l'on comprenait quel noble labeur avait été le sien. Il obtenait le meilleur succès.

A la suite de l'Exposition, deux groupes se formèrent parmi les membres de la Société des Artistes français. Les uns trouvaient excellents les règlements en vigueur ; les autres eussent voulu qu'on les rendît plus libéraux. Le jury faisait preuve de l'esprit le plus étroit : d'une indulgence fâcheuse pour les artistes qui s'obstinaient dans les anciennes pratiques, il passait à une sévérité jalouse quand il avait à juger ceux que séduisaient des méthodes nouvelles ; il en fallait changer le mode de recrutement. Les récompenses, loin de servir aux arts, leur étaient nuisibles ; les jeunes gens se détournaient des conceptions personnelles ; ils cherchaient à flatter le goût de certains maîtres ; les intrigues, les marchandages se trouvaient encouragés : il était nécessaire de ne plus distribuer de récompenses.

Les discussions entre les deux partis devinrent assez âpres, et une scission ne tarda pas à se produire dans la Société des Artistes français. Les partisans d'un règlement libéral fondèrent la Société nationale des Beaux-Arts. Ils décidaient que les membres du jury seraient, chaque année, tirés au sort parmi les sociétaires ; les récompenses étaient abolies. Cependant, les exposants qui en seraient jugés dignes pourraient être élevés, par les assemblées générales, au rang de sociétaires ou d'associés.

Roll avait été des plus ardents à combattre les tendances autoritaires de l'ancienne Société; il fut parmi les fondateurs de la Société nationale. Il avait, entre autres compagnons, Meissonier, qu'en raison d'un passé fameux, on choisit pour président; Puvis de Chavannes, Carolus Duran, Duez, Cazin, M. Besnard, M. Dagnan-Bouveret, Dalou, Rodin, Bracquemond. Roll fut, dès l'origine, élu membre de la délégation chargée d'administrer la Société ; il ne cessa jamais d'en faire partie.

Le règlement de la nouvelle Société ne limitait pas le nombre des envois permis à chaque Salon. Aussi le public devint-il témoin de la joie active que Roll avait à peindre. En 1890, il exposa neuf tableaux, des plus divers. On put voir en même temps, au Salon du Champ de Mars, le portrait de Mme Jane Hading, celui de Coquelin Cadet, celui de M. Yves Guyot, une étude de vieille paysanne, une étude d'enfant, deux marines.

Il est inutile désormais d'énumérer tous les envois que Roll fit aux Salons annuels. Il travaille avec une constante ardeur. On lui demande de vastes décorations, pour l'Hôtel de Ville de Paris, pour la Sorbonne, pour le Petit Palais ; il est chargé de commémorer des fêtes officielles, et pourtant il ne cesse pas de peindre des scènes intimes, et d'étudier ces paysans, ces ouvriers pour qui il éprouve une sympathie émue. Il est, pendant quelques années, menacé d'une grave maladie ; il passe de longs mois à la campagne ; on ne lui permet à Paris que de brefs séjours. Il n'en travaille pas moins. Il fait des paysages ; il peint, parents et amis, ceux qui lui sont chers, et qui sont les témoins de sa vie quotidienne.

En 1891, il expose le double portrait du peintre Thaulow et de sa femme, le portrait aussi de l'amiral Krantz. En 1893, il montre le grand tableau peint en souvenir des fêtes données pour le centenaire de la République. En 1895, voici un des panneaux destinés à l'Hôtel de Ville, *Les Joies de la Vie* (*femmes, fleurs, musique*) : on en admire l'harmonieuse composition. En 1896, il laisse voir au public un portrait déjà ancien, un portrait, qu'il jugeait inachevé, d'Alexandre Dumas, portrait d'une vie singulière. En 1899, avec deux portraits d'amis, il donnait la toile où est rappelée la cérémonie qui eut lieu quand fut posée la première pierre du pont Alexandre III. En 1904, voici une scène intime, une scène d'intérieur : deux jeunes femmes, devant un piano, étudient la partition des *Troyens*. En 1905, est achevée la décoration pour l'Hôtel de Ville : le second panneau glorifie l'art, le mouvement, le travail, la lumière, qui, comme les fleurs et la musique, donnent des joies aux vivants.

Ce noble labeur n'empêchait pas Roll de prendre une part active aux travaux de la Société nationale des Beaux-Arts. En 1891, Meissonier était mort, et Puvis de Chavannes lui avait succédé à la présidence de la Société. Carolus Duran était président de la section de peinture. En 1899, Puvis de Chavannes mourait, Carolus Duran devenait président de la Société, et Roll était appelé à la présidence de la section de peinture. En 1905, Carolus Duran était nommé directeur de l'École française de Rome ; il abandonnait la présidence de la Société nationale, et on lui donnait Roll pour successeur. M. Albert Besnard était chargé de présider la section de peinture.

Roll, comme président de la Société nationale des Beaux-Arts, fit preuve de la plus grande activité. Il défendit avec une ardeur éclairée les intérêts des artistes qui s'étaient fiés à lui. Les ressources de la Société étaient précaires ; elles étaient absorbées presque entièrement par l'organisation des Salons. Roll s'efforça de les accroître et il y réussit. La Société, grâce à sa persévérance, fut reconnue d'utilité publique ; elle put, dès lors, recevoir des dons et des legs, et elle en reçut. Elle aida des artistes dans la gêne ; elle encouragea des débutants.

Roll montra toujours une extrême bienveillance aux jeunes gens ; dès qu'en un d'eux il voyait un signe de talent, il était heureux ; il prodiguait les conseils à ceux qu'il estimait, et, au moment des expositions, il leur prêtait un secours efficace. Il n'était point de ces hommes que domine l'égoïste orgueil de leur renommée.

Les soins de la charge dont on l'avait jugé digne ne l'empêchent pas de peindre toujours ; il garde toute son ardeur, toute sa verve. Il entreprend de grandes œuvres décoratives ; tout, dans la vie quotidienne, l'intéresse. Il peint ces journées d'été, si gracieuses, si vives, si heureuses ; il essaie de rendre la lumière qu'il aime et le mouvement qui l'enthousiasme ; et jamais, peut-être, il n'a été plus ému par la misère humaine. Certains de ses tableaux nous apprennent qu'il a deviné le fond de la douleur.

En 1906, avec une *Journée d'été*, il expose *Après la douleur*, qui est, sans doute, la plus tragique de ses œuvres. En 1907, voici, par contre, une œuvre de joie, *Caresse de soleil*. En 1908, il donne un panneau décoratif destiné à la Sorbonne, *Vers la Nature, pour l'Humanité*. En 1912, il envoie au Salon, *Chevaux affrontés* et *Femme en blanc*. En 1913 et en 1914, il expose les fragments achevés à ces dates de la vaste décoration qu'il avait entreprise pour le Petit Palais.

Photo Bulloz.

LA CHASSERESSE

La guerre arriva. Elle lui causa toutes les angoisses. Il participait avec ferveur aux craintes et aux espoirs publics. Il était de ceux dont la guerre offensait la droiture et la bonté. Il aimait trop les hommes pour ne pas la haïr. Il avait, en outre, les plus amères des inquiétudes privées : ses enfants étaient, tous, parmi les combattants. Puis il voyait à quelle misère étaient réduits de nobles artistes, et il mêlait aux siennes les souffrances des autres. Il fut des plus actifs parmi les fondateurs de la Fraternité des artistes, où l'on multipliait les efforts généreux pour atténuer le mal et la douleur.

Cependant, il avait le courage de peindre. Le travail pur était pour lui une consolation. Il achevait la décoration du Petit Palais. Il peignait et dessinait des visions de guerre, terribles, farouches. Il terminait quelques portraits.

Sa santé avait longtemps résisté aux fatigues. Sa vigueur morale le défendait contre l'abandon de soi-même. Une affection délicate le soutenait. Il était l'objet des soins les plus tendres, les plus attentifs. Ses amis lui témoignaient à l'envi combien il leur était cher.

Mais il fut enfin dompté. Il s'affaiblissait, physiquement, sans rien perdre de son intelligence. Et, subitement, le 27 octobre 1919, il mourut.

II

LES NOTES DE ROLL

Roll était non pas un honnête homme, mais l'honnête homme.

Il peignit, sans s'occuper jamais de la mode. Comme tous les artistes, comme tous les écrivains, il suit d'abord quelques aînés. Mais il regarde autour de lui ; il n'est pas de ceux qui vont étudier la vie dans les musées ; c'est de mouvement, de lumière qu'il est épris ; le passant l'intéresse ; pour rendre un mouvement, il ne songe point aux œuvres des statuaires grecs, et, comme modèles, il préfère à l'Apollon du Belvédère le carrier dont il a vu le rude labeur, et à la Vénus de Milo la fermière dont il a observé la grâce vigoureuse.

Parmi ses contemporains, il estime tous ceux qui cherchent à rester eux-mêmes ; les audaces ne l'effraient pas, mais il entend garder le droit de ne suivre personne. Il ne veut pas qu'on l'oblige à soumettre ses efforts à ceux d'un autre. C'est de sa seule pensée qu'il attend un heureux succès.

Il a laissé des notes nombreuses qui nous permettent d'apprécier son caractère, qui nous permettent aussi de connaître ses goûts, qui nous permettent enfin de juger l'esprit de son œuvre.

« Pour être artiste, dit-il, il faut conserver jusqu'à la dernière heure le véhément désir de le devenir. Le véritable artiste n'arrive jamais. » La recherche de l'œuvre à accomplir lui semble déjà un rude travail : « Chercher sans le han du forgeron, c'est pur dilettantisme ».

C'est à sa volonté que l'artiste doit obéir : « La volonté, haute, fière, doit dominer les habitudes, les modes, la morale ». Il ne faut pas qu'il se laisse aller à une vaine facilité : « Produire, mais pas des produits. — Mieux vaut produire sans savoir, que répéter indéfiniment ce qu'on sait. »

Soutenu par sa volonté, l'artiste est conscient de sa force : « Travaille la porte fermée. Tu dois accepter la critique, jamais l'injure. » Il ne sera pas ému par les bruits du dehors : « Sois sculpteur, sois peintre. Si on le sait, tant mieux. Louange et blâme t'attendent : que ce soient des distractions. »

Qu'on se garde de la moindre bassesse : « De l'humilité, encore de l'humilité devant la nature, de l'orgueil devant les hommes. Orgueil : dignité de soi-même. »

Aussi ne faut-il pas s'avilir à quêter les honneurs. Et Roll décrit la misère de l'artiste qui veut entrer à l'Institut :

« Le jour était grave. Un académicien venait de mourir, laissant des regrets universels, tempérés pour quelques-uns par l'espoir de lui succéder. Qui lui succéderait ?

« Adèle s'était juré d'être l'épouse d'un immortel. Les

échecs passés l'indignaient, mais ne la décourageaient pas.

« C'était une opulente personne, majestueusement grasse, et fort entêtée de son idée. Elle poussait la roue de la fortune en combinant de délicats dîners autour desquels se rencontrait tout ce que Paris compte de puissances électives... La chance semblait, cette fois, sourire à son obstination...

« Le pauvre artiste s'en va avec un regard de regret vers sa palette aux vives couleurs. Il s'en va sans grande conviction, tendant le dos au sort qui nous fit jouets afin que nous devenions les pantins de nos femmes...

« Il frappe à des portes diverses : il en est d'arrogantes qui ne veulent pas s'ouvrir ; d'autres grincent avec hostilité...

« C'est le tour maintenant des bons confrères. Voici le logis du plus mondain, qui met comme devise sur son papier à lettres : Au Bonheur des Dames. C'est le peintre attentif et désintéressé des grandes dames d'Outremer. Son art est incomparable pour représenter au vif leurs falbalas, leurs perles, leurs chiens, se détachant sur un fond de ciel cotonneux, mais étoilé. La fréquentation des duchesses l'avait formé aux belles manières. Il fit recevoir l'artiste par son secrétaire...

« Pris du désir d'en finir au plus vite, Agatharque galope dans les escaliers. Les peintres habitent haut, les graveurs plus haut encore. Les musiciens sont sous les toits et on ne les trouve jamais chez eux. L'ascenseur est un vain ornement qui n'élève que le prix des loyers.

Pl. IV.

Photo Bulloz.

LA FÊTE DE SILÈNE

Une étrange lassitude appesantit le candidat ; il halète, empoigne la rampe et l'interpelle : — Qu'est-ce donc que je viens chercher si haut ?...

« Ce que vient chercher ce petit homme à bout de souffle ? C'est bien peu de chose.

« Des assurances d'indifférence polie ?

« Des appréciations de son œuvre qui le feraient bondir en d'autres temps ?

« L'éloge du concurrent, amer à entendre ?

« Il entend tout, il admet tout, parce qu'il est aujourd'hui celui qui quête des approbations qu'il doit payer en menues humiliations.

« Il va, mécontent de lui-même et souriant à tous. Il sourit et il monte, songeant qu'ensorcelé par une méchante fée, il montera et sourira ainsi jusqu'à la vie éternelle.

« Mais aussi, quelle magnifique récompense l'attend ! L'épée pacifique, symbole de la confiance appuyée sur la force : Ne plus jamais douter de soi ! »

L'artiste, ferme dans sa volonté, sûr de n'avoir jamais cédé aux conseils de la basse ambition, atteint le calme et la sérénité. Il regarde la vie sans trembler. En 1906, à l'assemblée générale de la Société nationale des Beaux-Arts, Roll disait : « Les hommes qui possèdent la sérénité savent se contenter de la réalité de la vie, et même ils lui trouvent plus de grandeur qu'aux plus dorées chimères. » Et il ajoutait : « Les hommes arrivés à ce moment ont le goût, même le besoin, de se donner tout entiers à ceux qui les entourent, à ceux qui les suivent. »

Ainsi donc, ce n'est pas à l'égoïste contemplation de soi-même que conduit la haute discipline chère au vrai artiste ; c'est à l'amour de la vie, c'est à la conscience de la solidarité humaine. On ne se montrera point envieux de ceux qui sont prêts à continuer l'œuvre de la race ; on secondera leurs efforts, on les assistera aux heures de défaillance ou de misère.

Et l'on attendra paisiblement la mort.

« L'homme est impatient, curieux, inquiet. Il veut absolument que tu t'expliques.

« Pour le rassurer, les religions t'ont donné un nom, le Mystère, qui te rend si attirante.

« Les poètes t'ont assimilée à la nuit...

« Que d'œuvres d'art tu as inspirées !

« D'abord, on te faisait grincer comme une méchante diablesse. Aux temps d'oppression, l'artiste te prêtait les formes de sa crainte.

« Et puis, enfin, il s'est rassuré, te voyant hautaine et grave comme tu es.

« Ta majesté est enfermée dans le Gisant de Dreux-Brézé, dans le Cavaignac de Rude.

« Ta pitié, dans le monument de Bartholomé. »

De cet homme qui a la volonté de créer, de cet homme qui ne s'humiliera jamais, son génie a fait un peintre.

On pourra la blâmer, on pourra l'applaudir : il ne se découragera jamais. « Tout est possible, écrit Roll, hors le découragement. »

Où devra-t-il chercher des maîtres ? Dans les musées ?

Non : « Les œuvres que l'on admire dans les musées ont été faites loin des musées ». Dans les ateliers ? Non plus : « Il n'y a pas d'éducation plastique ; il y a l'amour et la volonté ».

C'est de sa propre observation que le peintre apprendra son art : « Peins, si tu l'oses. Surtout, ose n'écouter aucun conseil. Ton ennemi, c'est celui qui prétend t'imposer sa certitude. » Il ne faut se fier qu'à soi-même : « Chacun a son imagination comme chacun a sa tête. Il en est qui se font la tête des autres. »

Le peintre qui, d'un œil pur, aura regardé autour de lui, et qui, librement, aura médité le spectacle mouvant de la nature, sera armé contre les tentations mauvaises. On lui reprochera peut-être de ne point suivre la mode. Qu'importe ! « Regarde passer la mode et son cortège. » Il dédaignera la soumission aux formules : « Pas plus que la pensée, l'art ne doit se soumettre à des formules d'esclavage. » Il rejettera les préjugés qui rendent le labeur stérile : « Quand tu ébauches une œuvre, ne te demande pas si elle est faisable ni ce qu'on en dira. Ose tout. »

Il ne faut pas avoir peur de la nature : « Certains pensent que la nature parle trop haut. Ils l'aiment d'un sentiment peureux, rougissent d'une accointance trop vive, se contentent d'évocations. » Tous les jours, on découvre autour de soi des beautés nouvelles ; on ne doit point croire qu'on a toute la science ; on est malheureux, si l'on se marchande sa joie ; ne renonçons jamais à la fraîcheur naïve de nos visions : « Heureux celui qui vit dans un perpétuel étonnement ! »

Et, dans les plus mauvais jours, le peintre oublie tout, dès qu'il aperçoit l'œuvre qu'il va rendre vivante.

« Il fait froid, il fait noir, il fait triste !

« C'est novembre parisien. Les trains chauffent, ils sifflent pour emmener les groupes heureux vers la Méditerranée ensoleillée. Si on partait, laissant derrière soi l'enrouement et la boue ? Là-bas, des champs d'œillets, auprès de l'eau toute bleue !

« Mais le modèle est là dans l'atelier, devant l'œuvre ébauchée. Quelle fraîcheur sur ce jeune visage ! Tu admires, tu travailles.

« Il ne fait plus noir, il ne fait plus froid. »

De ce qu'on ne doit pas chercher des maîtres dans les musées, est-il légitime de déduire qu'il ne faille pas regarder les œuvres des anciens, les étudier, les critiquer, les détester, les admirer ? Non. Roll nous a laissé des notes précieuses où nous apprenons à qui allaient ses sympathies et ses antipathies. « Il faut regarder les maîtres, dit-il, non pour les copier, mais pour leur répondre. »

Il porte quelquefois des jugements sur des contemporains. Il définit Meissonier : « Meissonier, le géant de la miniature ». Il songe un jour à Édouard Detaille : « Un officier astiqué, plumelé, paradé, c'est un modèle pour Detaille. Mais Detaille n'a jamais vu un officier s'étant battu. » Un jour, par contre, il pense à Puvis de Chavannes : « Devant les œuvres de Chavannes on est pénétré d'une plénitude de calme qui est le sentiment de l'har-

Photo Bulloz.

GRÈVE DE MINEURS

monie. Une mystérieuse musique s'en dégage, celle que Dante écoutait dans son paradis. »

Il n'aime pas les peintres qui s'écartent de la nature. Il voit en Lesueur un de leurs ancêtres, et il conseille de l'étudier, pour ne pas suivre son exemple : « Si par malheur vous cessiez d'aimer la nature, allez donc voir le Saint Bruno de Lesueur ». Sur Bouguereau il a cette boutade : « Un jour de sortie, saint Joseph vit un tableau de Bouguereau : — Sûr, dit-il, ce n'est pas l'œuvre d'un charpentier. »

Il n'admet pas qu'on spécule sur la foi religieuse : « Il est des peintres sans pudeur qui rampent vers le Christ pour le vendre encore. »

La maladroite imitation des maîtres peut conduire aux pires erreurs : « Rue Saint-Sulpice, on rencontre les fils dégénérés de Raphaël. »

De temps à autre, il note une réflexion : « Le métier poussé au génie : Raphaël. Le génie qui fait oublier le métier : Mantegna. »

Il est frappé par la sauvagerie du Greco : « Le passant s'en vient, nonchalant, par le musée. Soudain, une œuvre farouche lui coupe le souffle. Fauve, ténébreux et éclatant, voici le Greco. » Du Greco il dit encore : « L'infernale grandeur du Greco, dans quelques œuvres, évoque le dieu terrible de la Bible. Des noirs, des rouges inattendus, les personnages s'étirent et brûlent. »

De Goya il écrit : « Goya chante en poète la fragilité et les revers de la beauté. Sous les plus frais minois, l'ossature esquisse de funèbres sourires. Et des charognes fardées minaudent sous la dentelle. La vie faite de peu de jours dure parfois plus que la raison. Avec de la hideur, Goya fait une leçon de morale. »

Il juge David : « David paraît au seuil du XIXe siècle comme l'ange implacable fermant la porte des jardins enchantés... Austérité poussée parfois au système, mais appuyée de vraie science, d'intégrité et de la plus brûlante passion de ce qui est droit et noble... Le temps intervint, apaisa. L'artiste s'humanise avec des portraits de la plus fière tenue : le meilleur peut-être de son œuvre. Même un jour il s'émeut de tendresse pour nous montrer Marat, assassiné. Morceau admirable, d'une large coulée, tellement éloquent ! »

Il se réjouit à regarder des tableaux de Jordaens : « Jordaens me met en joie davantage que Rubens : il travaille pour l'ivresse de travailler, et son culte de la nature est plus ingénu. »

Mais voici le peintre de qui il aime à parler plus que de tous les autres, Rembrandt. Il en fait un des plus grands hommes qui aient jamais vécu : « Il arrive que l'oiseau de majesté, empruntant au génie qu'il enlève un essor prodigieux, dépasse notre monde et s'en va accrocher parmi les étoiles des noms de feu, des noms éternels : Shakespeare, Rembrandt, Beethoven. »

Sans cesse, dans ses notes, Roll revient à Rembrandt : « Apparences, formes, couleurs, tout s'unit, tressaille, s'abîme dans la lumière. Un seul a su dire cela : le divin Rembrandt. » — « Les yeux de Rembrandt vieilli sont une eau sombre où affluent, comme noyées, des formes de désillusion. » — « Rembrandt : la caractéristique de son œuvre, c'est la vie exprimée par la lumière. »

Rembrandt est comparé à d'autres peintres : « Le parfait équilibre des facultés peut donner un Vinci. Il y a de l'anormal en Rembrandt. » Et citons encore cette note, où, tout en parlant de Rembrandt et de Raphaël, Roll nous donne rapidement sa pensée sur le dessin : « Le dessin est une résultante, non pas une formule. Celui de Rembrandt modèle, construit, fuyant et insaisissable comme l'air et le vent. Le dessin de Raphaël a la précision des chiffres. »

Roll admirait donc Rembrandt plus que tous les autres peintres : Rembrandt avait exprimé « la vie par la lumière. » Et Roll s'efforcera, lui aussi, à peindre la lumière. Il le dit, en propres termes, dans une de ses notes :

« C'est le lourd midi d'août invitant à la sieste.

« Tes tempes résistantes attirent les baisers des moustiques folâtres. Tu contemples le merveilleux éclat de la falaise sur le ciel.

« Sais-tu que ton corps est moite de sueur ?... La congestion, le rhume des foins rampent vers toi ; et ta femme gronde...

« Mais une claire vision te possède, ton cœur aussi est au zénith ! Et tu t'acharnes à cette chose désespérante : peindre de la lumière ! »

Quand il parle du soleil, il s'exalte ; il prend le ton lyrique. Il chante des hymnes :

« Soleil souverain, inspire-nous des tons nouveaux, des mots tout neufs pour te chanter une fois encore avant de disparaître. »

Le peintre ne doit rien craindre pour se pénétrer de lumière : « Brûle tes yeux à la lumière, comme les moucherons amoureux ; tanne ta peau à l'air des routes libres, ouvre ton espoir à toutes les illusions. » La lumière sera pour lui la grande éducatrice : « Enfant, suis-moi. Forge ta vie. Seule, l'œuvre parle en faveur de l'être. Richesses, affections, chagrins, tout est mirage. Vois à l'horizon rougeoyer le soleil couchant. Agenouille-toi. Oublie et sois l'amant de la Lumière, dût-elle te brûler les yeux. »

La lumière est belle en elle-même. Mais elle est une forme du mouvement. Mouvante, elle aide à saisir les mouvements des individus et des objets. « Maintenir la lumière et l'invisible de ce qui s'éteindra, de ce qui passera, c'est l'art. »

Il ne faut pas redouter la violence dans les mouvements : « L'écroulement perpétuel, l'éternel mouvement hantent les cerveaux d'artistes. » — « Artistes, ayez l'âpre volonté et courez aux tempêtes. Elles mettront dans vos yeux le mouvement et la lumière. »

C'est dans la liberté de la lumière que se révèle toute la beauté de la chair. Ce sera éclairée de rayons célestes que la femme apparaîtra dans sa splendeur.

« Les grands ciels aux mouvants nuages nous charment par la variété de leurs évocations, figures étranges aux dessins changeants. Ils apaisent notre curiosité des spectacles nouveaux, et tantôt bercent nos rêves, et tantôt nous terrifient.

« La figure humaine se révèle dans sa vraie noblesse quand elle se montre nue.

« Un être jeune et beau, libre sous le ciel, mêlé à lui, nous offre le plus rare spectacle. Tour à tour, l'ombre et la lumière l'enveloppent, exprimant toute la magnificence des couleurs.

« O femme, le ciel te tient et te domine, il est le maître dont tu portes les couleurs. Il te sourit, t'exalte, s'apparente à toi par sa merveilleuse inconstance. Nimbée de sa joie, tu deviens enfant rose, toute la féerie... Mais, s'il le veut, tu pourras devenir tout le drame.

« Le soleil brûle plus haut, incendiant ta chevelure, mêlant sa poussière d'or à ta chair blonde. Des tons délicieux accusent un jeune sang bouillonnant dans un corps sain.

« Fleur délicate, tu es l'être soutenant en ses mains frêles le destin de l'homme.

« Un nuage vient, curieux de voiler un peu ton corps ; son mystère glisse lentement vers toi. Et, sans que tu parles ou bouges, l'ombre caressant tes seins nous fait entendre d'autres harmonies lorsqu'elle s'arrête sur ton ventre.

« Ombre légère, tu évoques la vie...

« Femme, ce sombre ciel s'empare aussi de toi, colorant ta chair de tons d'angoisse, meurtrissant tes flancs de taches livides. Tu es la proie de sa colère qui te veut malade, qui te fait mourante.

« Pauvre femme qui sembles maudite, le ciel d'ouragan t'apporte peut-être la plus sublime de tes beautés.

« Bouleversé par les drames de l'ombre, l'artiste essaie de la raconter, et il devient l'objet de la risée mondaine. Le snob a acheté le droit de tout juger. Il crie :

« — La chair féminine, c'est l'opale, c'est l'ivoire, la rose trempée dans le lait. La forme, c'est chose immuable. Et, quoi que tente ce rapin rêveur, le boueux ramassera le beau nu, ses rêves et lui-même.

« Snob bien pensant, c'est vrai. La boue s'étend sous les grands ciels. Elle te garde avec ton argent, tes idées étroites, tes larges appétits.

« Mais au-dessus il y a d'immenses espaces, balayés des vents, pleins d'azur et d'idées.

« Et tu ne les auras pas même soupçonnés, quand le boueux te prendra, toi aussi. »

III

LES ŒUVRES DE ROLL

Parmi les deux tableaux qu'exposa Roll au Salon de 1870, l'un est intitulé *Le Soir*. Il représente une femme nue au bord de la mer. Au catalogue du Salon, le titre était suivi d'une épigraphe : « Le soir, pensive, elle se couchait sur la falaise. »

Il est curieux que Roll, à son début, peigne une étude de femme en plein air. On voit vers quelles recherches il était, dès lors, guidé par son goût. Il faut avouer, d'ailleurs, que les moyens d'expression lui manquaient encore. Il n'y a point, dans *Le Soir*, cette unité de composition où il excellera plus tard. Le paysage et la figure pourraient former deux tableaux distincts ; la femme n'est point mêlée à la lumière. Le paysage est beaucoup meilleur que la figure, la falaise rocheuse du premier plan est un peu lourde, le fond est traité avec adresse. La mer est d'une heureuse clarté, le ciel est lumineux et léger. La femme nue qui occupe le devant du tableau a sans doute été peinte à l'atelier ; elle ne rappelle que les académies d'école.

En 1873, Roll exposa une Bacchante. Nous voyons, par ce tableau, combien il avait travaillé : il n'a plus rien de la gaucherie première ; il n'est plus un apprenti ; il sait maintenant, par son art, faire saisir au passant un peu de ce qu'il a voulu. La Bacchante est couchée sur une peau de panthère ; elle a laissé tomber la coupe et le thyrse ; ses lèvres et ses yeux sont animés d'un grand sourire. Elle est heureuse d'être libre dans la paix de la nature. Le paysage est indiqué à peine ; mais, sur la chair, çà et là, errent des ombres et des clartés ; le corps de la femme n'est plus étranger à la vie qui l'entoure. Le tableau n'est point encore d'une entière originalité ; on y pourrait, sans doute, signaler des réminiscences ; mais il est d'un homme qui a déjà beaucoup appris de lui-même, et qui n'ignore plus comment on réussit à exprimer ce que l'on conçoit.

La Chasseresse parut au Salon de 1876. Le tableau est important dans l'œuvre de Roll. Il est plein de lumière et il est plein de mouvement. La femme, à cheval, est au milieu du tableau. La lumière, qui vient du fond, s'arrête sur les seins et sur le ventre de la femme, sur l'épaule et sur la croupe du cheval. La chasseresse lève le bras droit ; elle tient l'épieu d'une main ferme ; elle garde un air riant ; elle triomphe sans orgueil ; elle est sûre du coup qu'elle va frapper. Sur le sol s'agitent les chiens et la panthère. Le cheval, que la femme maîtrise de la main gauche, frémit d'impatience ; il est prêt à bondir de nouveau. Sur toute la scène joue la lumière. A la vie des êtres se joignent la vie de la terre, la vie du ciel. Roll a composé son tableau avec sûreté ; il voit nettement la route à suivre.

Pl. VI.

Photo Bulloz.

LE 14 JUILLET 1880

C'est au Salon de 1879 que fut montrée *La Fête de Silène*. Le tableau est éclatant. Le dieu est sur son âne ; des deux mains, il élève un sarment où pendent encore des grappes. Autour de lui tournoie la ronde des Bacchantes ; il les regarde avec une bienveillante gaieté ; il rit de tout le visage ; il est heureux. Les femmes dansent avec impétuosité ; elles sont belles, elles sont jeunes ; il en est qui ont fleuri leurs chevelures. En voici une qui, ardente, radieuse, la tête renversée, agite une guirlande. Une autre s'est laissée aller à terre ; elle porte une grappe à ses lèvres ; une troisième s'amuse à tirer sur la corde de l'âne. A la joie du dieu, à la joie des jeunes femmes se mêle la joie de la nature. Le soleil frôle les corps ; la Bacchante à la tête renversée offre sa gorge saine aux baisers lumineux.

Roll avait peint, cette fois, un vrai tableau de fête ; et il y affirmait, en même temps que sa maîtrise de peintre, son amour du mouvement et de la lumière. Quelques critiques, attachés à d'anciennes traditions, ne cachèrent point qu'ils étaient scandalisés. Mais Roll avait raison contre eux : il avait prouvé qu'on peut rendre vivants des personnages mythologiques ; il avait compris la beauté de la ferveur dionysiaque.

Roll songeait-il encore à quelque scène mythologique en peignant la belle *Étude* qu'il exposa au Salon de 1885 ? Peut-être. Mais, s'il se rappelait alors la vieille légende de Pasiphaé, il la dépouillait de ce que, malgré tout, elle garde de pompeux et de solennel ; il en faisait comprendre l'humaine sensualité.

Il semble avoir longtemps cherché la composition du tableau. Il y a, dans les dessins de Roll, de nombreuses variantes de *La Femme au Taureau.* Dans le tableau que l'on connaît, la femme s'appuie du dos à l'épaule de la bête ; elle baisse la tête en riant ; le bras droit étendu, elle pose la main sur le flanc, le bras gauche passe sous le cou. Le corps et les jambes sont caressés par le soleil. Les herbes, autour du groupe, sont légères dans les jeux de lumière. On sent que la femme, que le taureau, que les plantes, que tout participe à une même vie, joyeuse et enivrante.

Roll ne cesse pas de peindre des personnages dans la lumière. Voici, près d'une ferme, une paysanne, Manda Lamétrie. Elle vient de traire une vache ; elle s'en va, dans le calme d'une belle journée ; de fines clartés parent le paysage, et la fermière en prend une grâce heureuse. Voici, parmi de hautes herbes, des femmes et un enfant qui s'amusent avec un chien : le tableau a pour titre *En Été*, et l'on en aime le charme paisible.

Dans les loisirs que lui laissait l'achèvement des grandes œuvres, Roll aimait à peindre de petits tableaux. Il y représente des épisodes familiaux, et il se plaît à les situer dans des jardins, aux mois d'été. Il nous a donné de nombreuses *Journées d'Été* où, tout en restant celui qui veut surprendre le secret divin de la lumière, il permet à sa fougue de s'apaiser un peu. C'est par de tels tableaux, dont il réussit à varier la composition, dont il renouvelle sans cesse l'aimable élégance, qu'il nous montre l'ingéniosité toujours active d'un talent sûr, souple et pourtant sévère.

Faut-il parler ici de figures allégoriques qu'il peignit en plein air, et non dans le jour froid de l'atelier ? Faut-il parler de cette *Jeune République* qui, coiffée du bonnet phrygien, drapée de rouge, les yeux fervents, prend vers la lumière un vol hardi ? de cette guerrière énergique qui appelle aux armes les défenseurs de la liberté ? Là, nous voyons par quel art Roll arrivait à animer ses personnages.

Mais il lui fut donné, un jour, de faire vivre toute sa pensée. En 1907, il exposa un tableau intitulé *Caresse de soleil.* Une femme rousse, nue, superbe, est debout dans quelque parc ensoleillé. Voluptueuse, extasiée, elle se renverse, comme pour mieux goûter la joie d'être toute aux rayons de l'astre adoré. Sa chair magnifique est heureuse. La femme vit par la lumière qu'elle aime, la lumière la pénètre, elle est la lumière. « O femme, le ciel te tient et te domine ; il est le maître dont tu portes les couleurs. Il te sourit, t'exalte... Le soleil brûle plus haut, incendiant ta chevelure, mêlant sa poussière d'or à ta chair blonde. » Roll n'avait-il pas, enfin, peint la lumière ?

Roll ne voulait pas peindre seulement la lumière ; il voulait donner l'impression du mouvement qui nous entoure sans cesse.

En regardant certains de ses tableaux, on sent qu'il n'a cherché qu'à y rendre du mouvement. C'était pour saisir le mouvement dans sa brutale simplicité qu'il se plaisait à étudier les animaux. Il a laissé de nombreux dessins, de nombreuses esquisses qui prouvent avec quel scrupule il les observait. La fougue des chevaux l'intéressait à la passion.

Dans l'œuvre de Delacroix, il est un tableau qu'il admirait et dont il aimait souvent à parler : *La Bataille de Taillebourg* ; n'était-ce pas parce que les mouvements divers des chevaux lui prêtent une étrange animation ?

Le tableau qui fut exposé au Salon de 1875, et qui attira fort l'attention du public, *Halte-là*, est tout de mouvement. Sous un ciel sombre, deux cuirassiers, l'un français, l'autre allemand, luttent avec fureur. Le cuirassier français est vu de face ; son cheval, qui semble haleter, se raidit sur les pattes de devant. L'homme, comme pour frapper un coup vigoureux, tient le sabre de la main droite, tandis que de la main gauche il a saisi au mors le cheval de l'adversaire. La bête se cabre. Le cuirassier allemand, vu de dos, se penche. Sous les chevaux est étendu un soldat mort.

L'œuvre est solidement construite. Elle est pleine de force. Mais ce qu'il faut y priser d'abord, c'est l'art de rendre le mouvement. Les deux chevaux, si différents l'un de l'autre, sont traités avec une science égale.

La Chasseresse n'est pas seulement un tableau de lumière ; il vaut d'être étudié pour les mouvements des animaux. Le cheval qui porte la belle héroïne est une bête très vivante ; puissante, courageuse, elle garde dans l'allure de la noblesse et de la grâce. Le groupe des chiens

Photo Bulloz.

ROUBY, CIMENTIER

et de la panthère est d'un très réel intérêt. Roll y sait éviter la monotonie.

N'avons-nous pas aussi, dans *La Fête de Silène*, une très belle étude de mouvement ? Nous voyons tourner la ronde des femmes. Leurs gestes n'ont rien de convenu. C'est par la lumière et le mouvement que Roll a évoqué pour nous la vie joyeuse.

Par les gestes saisis dans leur rapidité valent de nombreux tableaux de Roll : que l'on regarde *Au Trot*, qui fut exposé au Salon de 1888. Un enfant est tout au plaisir d'aller à cheval. Il brandit une petite canne ; son expression, la manière dont il se tient, tout est exactement observé. Dans les aimables *Journées d'Été*, combien de gracieuses attitudes ont été peintes ?

Ne pourrait-on pas mettre à côté de *Caresse de soleil* les *Chevaux affrontés* que Roll donna au Salon de 1912 ? Ici, c'est le mouvement même que Roll a réussi à rendre. La fougue qui emporte les chevaux est peinte avec la plus sûre puissance. Une pareille œuvre est bien du maître qui disait aux artistes de courir aux tempêtes, et qui voulait avoir dans les yeux une vision toujours mouvante.

C'est en étudiant les dessins de Roll que l'on comprend à quel point il a aimé et connu le mouvement. Toute sa vie, il a cherché à surprendre les attitudes, et souvent il a su par elles exprimer les passions humaines. Les tourments, les douleurs, les rêves étranges ont été le partage de ces damnées qui marchent, qui se traînent, qui s'agitent, le regard vide parfois ou encore la tête haute et prêtes à défier le destin. Elles ont vécu, elles vivent dans des souffrances obscures. Mais quelles que soient leurs tristesses, quels que soient leurs remords, quelles que soient leurs fureurs, elles gardent leur noblesse et leur beauté. La fougue des passions n'est point avilissante.

Ces damnées ont des sœurs, des sœurs heureuses, qui sourient doucement aux jours lumineux. Elles ne s'alanguissent point en une molle oisiveté ; Roll n'aimait point les êtres qui se plaisent dans l'immobilité : il ne lui semblait pas qu'ils vécussent. Elles ont des gestes élégants, gracieux, et nous devinons le charme clair de leurs rêves aux ailes de printemps.

Roll a peint de nombreux portraits. Comment cet homme, qui aimait tant la vie, ne se serait-il pas intéressé à ceux, illustres ou non, qui s'agitaient auprès de lui, et comment n'aurait-il pas essayé de rendre, par leurs traits, leur caractère ? « Un bon portrait, a-t-il écrit, est une figure bien vivante placée dans son milieu social. »

En 1878, il exposa deux portraits qui différaient beaucoup entre eux. L'un avait été peint avec une tendre affection : c'était celui de sa mère. Il se laisse aller à toute son émotion ; il ne cherche aucun apparat ; nous sentons la douce intimité qu'il y avait entre le modèle et le peintre.

L'autre avait été peint avec une intelligence avertie : c'était celui d'un homme célèbre par ses discours et par ses livres, d'un homme qui tenait alors une place éminente dans la politique, de Jules Simon. Roll s'est efforcé de le faire vivre, il y a réussi. Jules Simon garde la gravité qui sied à un homme d'État et à un philosophe, mais il semble prêt à en sourire, et l'on se demande si de ses lèvres ne vont pas sortir quelques paroles moqueuses.

Ainsi Roll affirmait sa volonté de ne se pas satisfaire d'une ressemblance rapide ; il tenait à comprendre d'abord, puis à faire comprendre à autrui quel était le personnage qu'il représentait.

Regardons le portrait d'Antonin Proust. Quand Roll le dessine, Antonin Proust est commissaire des Beaux-Arts pour l'Exposition de 1889 ; le voici dans le palais qu'on construit ; il passe, avec un air de nonchalance, parmi les ouvriers qui travaillent ; il semble, en somme, n'être pas mécontent de lui-même.

Regardons le portrait d'Alphand, de l'homme qui eut l'audace de renouveler Paris. Lui aussi est représenté dans les chantiers de l'Exposition de 1889. Il est dans la lumière, de nombreux papiers à la main. Il a les yeux énergiques : il saura imposer sa volonté, mais il ne mettra dans ses ordres ni raideur, ni méchanceté ; il est assez sûr de sa pensée pour n'avoir pas besoin de prendre le ton rageur et cassant : il sait que tous en reconnaîtront la justesse.

Dans un décor, un homme est debout, la bouche épanouie d'une gaieté si franche, qu'à le voir seulement on se sent gai soi-même. Peu importe ce qu'il dira, on est prêt à rire de ses moindres paroles. La correction de son habit ajoutera encore à sa fantaisie. Cet homme, c'est Coquelin Cadet, l'acteur qui, en quelques mots, savait poser un personnage d'un comique exubérant, et, quelquefois, douloureux.

Henri Rochefort fut un grand journaliste, aux doctrines incertaines. Il accablait de sarcasmes ses ennemis d'une heure. Le voici, froid, impassible, cet écrivain qui trouvait sans peine les ironies, les calembredaines et les coq-à-l'âne. Ses yeux ne sont point d'un rieur : ils sont de quelqu'un qui aime la vengeance.

Alexandre Dumas fils ne permit pas à Roll d'achever son portrait. Pourquoi ? Craignait-il que, malgré la liberté, le débraillé même, de l'attitude, on ne devinât en lui l'auteur satisfait d'avoir mérité l'estime des gens qui pensent bien ? Roll, sans doute, ne méprisait pas son œuvre, car il l'exposa au Salon de 1896 ; il avertit le public qu'elle était inachevée, mais sa conscience lui permettait de la montrer. Il avait bien raison de ne pas la garder pour lui.

Roll nous a laissé l'image de hauts fonctionnaires et de politiques importants.

Sadi Carnot et Octave Gréard examinent les plans de la nouvelle Sorbonne. Ils ont le calme qui leur convient. S'intéressent-ils beaucoup à ce qu'ils font ? Nous en pouvons douter. Ils accomplissent avec ponctualité un devoir que leur impose leur charge. Le portrait de M. Caillaux aidera peut-être à comprendre certains événements. On devine, à voir celui de M. Léon Bourgeois, le bonheur que ressentait Roll quand il peignait un ami.

Pl. VIII.

Photo Bulloz.

ÉTUDE (LA FEMME AU TAUREAU)

Les portraits d'apparat sont rares dans son œuvre. Mais, le voici en face d'une belle comédienne, Mme Jane Hading : il l'entoure de fleurs et d'étoffes brodées ; et, si nous regardons un de ses derniers tableaux, Mme W..., nous ne doutons pas que le modèle n'ait eu le secret de toutes les élégances.

Parmi les portraits de Roll, il n'en est pas de plus beau, sans doute, que celui de son ami, le paysagiste Damoye. Damoye est prêt à partir pour la campagne ; il a tout le bagage qui lui est nécessaire, et son œil curieux semble examiner déjà les contrées pour y trouver les champs ou les clairières à peindre. Le tableau est lumineux, et ce n'est pas seulement un homme, un artiste, un ami qui y est représenté ; il ne serait pas faux de prétendre que toute une manière y est évoquée, une manière de comprendre la nature et la vie.

Roll se plaisait parfois à grouper quelques-uns de ses familiers. Dans les *Journées d'Été,* on pourrait reconnaître qui a posé les figures : mais, là, Roll s'attache surtout à rendre les jeux de l'air et de la lumière. Il n'en va pas de même dans certains tableaux, dans l'*Étude des Troyens à Carthage,* par exemple. L'éclairage, qui est des plus intéressants, donne aux personnages tout leur caractère. Nous admirons dans la clarté l'éblouissante chanteuse assise au piano, et la violoniste attentive vers qui elle se tourne garde, auprès d'elle, une valeur singulière.

Ne faudrait-il pas considérer comme des portraits

toutes les figures de pauvres gens que Roll nous a laissées? Il n'a pas voulu que nous ignorions les noms de ses modèles ni leurs professions. Voici Rouby, cimentier ; voici Marianne Offrey, crieuse de vert ; voici Louise Cattel, nourrice ; voici la femme Ragard, dont nous apprenons seulement qu'elle est une pauvresse. Oui, ce sont bien là des portraits, mais le peintre grandit les individus qu'il a choisis ; chacun d'eux, peut-on dire, représente un métier, et leurs images, réunies, donnent la vision d'une classe sociale.

Roll aimait les travailleurs ; il comprenait la beauté de leurs constants efforts, et il souffrait quand il les voyait souffrir. Il a voulu nous faire connaître non seulement leur aspect, mais encore leur intelligence ; il a voulu nous faire saisir ce qu'ils sentent et ce qu'ils pensent ; il a voulu enfin nous faire participer aux drames dont, trop souvent, une amère destinée les rend les douloureux héros.

Peut-on regarder sans être troublé le vieux cimentier Rouby? Il a peiné, il peinera encore; et qu'a fait de lui le dur travail auquel il a été soumis ? Il semble résigné à son sort, mais sa résignation est d'un être farouche, et qui sait si un jour une sourde rancune n'éveillera pas en lui quelque étrange pensée ?

Marianne Offrey, crieuse de vert, a-t-elle jamais pensé ? pensera-t-elle jamais ? Elle passe, poussant un cri, dont peut-être elle ne comprend plus le sens. Est-elle heureuse ? malheureuse ?

Roll, plusieurs fois, nous a montré d'humbles mères auprès de leurs enfants.

La femme Ragard, pauvresse, est-elle capable de réfléchir à ce que la vie sera pour le petit qu'elle allaite ? La misère lui laisse-t-elle encore un peu de tendresse ? Une autre mère, celle qui figure dans le tableau intitulé *Maternité*, regarde, à la lueur d'une bougie, l'enfant qui dort paisiblement, et son visage est d'une douceur gracieuse.

Au Salon de 1904 Roll exposa *La Mère* : dans la campagne, une femme, pensive, est penchée sur son enfant. La vie, sans doute, fut cruelle à la mère : sera-t-elle meilleure au petit être, qui, pour l'instant, dort un sommeil sans souci ?

Quelques années avant de peindre *La Mère*, Roll avait exposé une de ses œuvres les plus émouvantes, *Ouvriers de la terre*.

Dans la campagne, parmi les feuillages, une femme est assise. Elle presse sur sa poitrine l'enfant, inconscient encore des misères qui l'attendent. Elle les connaît, elle, ces misères, et à sa tendresse maternelle se mêle une gravité douloureuse. L'homme, debout derrière la mère et l'enfant, les regarde. Il les regarde avec tristesse, presque avec désespoir. Il a toujours ignoré la joie ; il a donné un dur labeur, qui n'a jamais obtenu de récompense. Il travaillera encore jusqu'à ce que ses forces soient épuisées ; puis viendra le tour de l'enfant ; il travaillera, il s'usera, il mourra.

Le tableau est tragique ; il l'est sans emphase ; pas un des personnages n'a un geste violent. C'est par le regard surtout qu'ils expriment la détresse. Quand il peint les souffrances humaines, Roll leur laisse toute leur dignité.

Rien n'est plus simple que le tableau intitulé *Après la douleur*. Sur un triste matelas, une femme est étendue. Elle est nue. Et, à la voir, on est pris d'une angoisse singulière. Roll nous a mis sous les yeux une image que nous ne pourrons pas oublier. Nous comprenons toute sa sensibilité ; nous ne pouvons douter de la compassion qui l'unissait à tous les malheureux. L'homme qui a peint cette femme nue sur ce matelas, cette femme qui eût pu être la grâce, était attentif à toutes les misères ; sa tendresse l'attirait vers ceux qu'elles oppriment ; il était leur ami, et il voulait leur faire des amis. Mais il avait de son art la plus haute estime ; il ne condescendait pas aux petits moyens, et c'est en peignant avec une maîtrise puissante un pauvre corps nu qu'il peignait la douleur même.

Roll, de bonne heure, avait rêvé de grandes compositions. En 1877, il en montra une au public : *L'Inondation dans la banlieue de Toulouse*.

La scène représentée est dramatique au plus haut point, et pourtant Roll ne s'abaisse pas à peindre une anecdote. Ce que nous voyons, c'est la lutte de l'homme contre un terrible fléau, c'est le courage cherchant à vaincre un élément mauvais. Les ondes furieuses ont envahi la campagne ; seuls, quelques toits surgissent au milieu des flots. Sur un de ces toits se sont réfugiés quelques malheureux : une femme est au milieu d'eux ;

d'une main, elle tient de toute sa force un petit enfant ; de l'autre, elle a saisi un jeune garçon, mort peut-être. Auprès d'elle, une petite fille, une vieille femme. Un homme, couché, s'accroche à une barque qui passe ; dans la barque, des hommes vigoureux, une jeune fille tremblante. Un bœuf nage. La lumière se répand sur la femme qui protège ses enfants, sur l'homme qui cherche à saisir la barque. Les gestes, les expressions sont justes. Le chagrin, l'effroi, l'énergie sont sur les visages, mais tout est rendu avec la plus ferme sobriété. L'œuvre est d'un homme qui, déjà, sent, comme s'il en était frappé lui-même, le malheur d'autrui et qui, à cause de cela, rougirait d'une pitié déclamatoire.

Deux ans après *L'Inondation*, en 1880, Roll exposa La *Grève de Mineurs*.

Rappelons-nous ce qu'étaient alors les grèves. La loi sur les syndicats n'existait pas. Les partis socialistes étaient à peine organisés. Comme celle qu'a décrite Émile Zola, dans *Germinal*, les grèves étaient violentes, et souvent elles dégénéraient en émeutes.

La grève peinte par Roll a eu, sans doute, des moments terribles et, peut-être, en aura encore. Les ouvriers sont là, misérables, on le sent ; ils ont durement exprimé leur rage. L'autorité essaie de la réprimer. La troupe a été appelée : des baïonnettes luisent dans le fond du tableau. A droite, au premier plan, deux gendarmes, l'air indifférent, arrêtent un mineur ; l'un est à cheval, l'autre a un pied à terre pour s'emparer de l'homme. Près d'eux, une charrette, les brancards en l'air. Sur la charrette, un jeune garçon regarde les gendarmes et le mineur : il semble étonné ; comprend-il ce qui se passe ? Une femme, les yeux hagards, allaite son enfant. Près de la charrette, un ouvrier, debout, regarde, lui aussi, les gendarmes. Il ne bouge pas ; c'est pour la petite fille qui est devant lui que, peut-être, il se contient, car il a dans les yeux une froide colère. A gauche, un autre ouvrier, vu de dos, a saisi un morceau de charbon. Il est prêt à le lancer vers les soldats, mais sa femme, effarée, s'efforce de retenir sa rage. Puis, c'est encore un jeune garçon; il porte une petite fille. Dans le fond, la foule, les bâtiments de la mine, un drapeau de révolte. Sur le devant du tableau, un ouvrier est assis ; le menton appuyé sur la main droite, il réfléchit. Où vont ses réflexions ? Il est triste. La misère l'a opprimé. L'opprimera-t-elle toujours ?

La *Grève de Mineurs* est une œuvre d'une grandeur farouche. Là encore, Roll a évité l'emphase. Quand d'autres auraient produit un affreux mélodrame, il nous a laissé une austère tragédie.

La *Grève* étonna le public. Certains critiques en parlèrent avec amertume. Ils renouvelèrent pour Roll — et c'était tout à son honneur — des critiques qu'on avait faites jadis à Courbet. Peindre des ouvriers, passe encore, mais les peindre misérables, dans un de ces moments où la misère les pousse à des actes désespérés, l'audace est grande, si grande qu'on ne peut la pardonner au peintre. Et on le blâmera d'avoir montré quelque intérêt à des gens si laids, si sales, si noirs.

Des hommes qui avaient naguère témoigné de la sympathie à Roll perdaient contenance. Ainsi Armand Silvestre écrivait dans la *Vie moderne* : « La fâcheuse idée qu'a eue M. Roll de renoncer aux belles fouettées de chair vivante, qui faisaient penser à Rubens devant son *Silène* de l'an passé, pour nous montrer des mineurs en grève, hâves, soucieux de leur pain et gardés par le débonnaire cheval d'un gendarme ! Le doux animal lui-même semble regarder le coin de verdure où s'ébattaient les nymphes et où croissaient les chardons. Que ce paysage charbonneux est lamentable, et les belles qualités de facture perdues sur cet ingrat sujet ! Les anciens avaient si bien compris ce que ce monde d'ouvriers a de peu plaisant, qu'ils avaient fait descendre Vénus dans l'atelier de Vulcain pour l'éclairer d'un sourire. » Edmond About disait, dans le *XIX*e *Siècle* : « Par quelle étrange aberration d'esprit un artiste qui n'est pas sans talent dépense-t-il une année de sa vie sur une toile que Plaute appellerait *inlocabilem* ? Où la placera-t-on ? Quel sera l'amateur assez fou pour en décorer sa galerie ? ou l'administration assez stupidement prodigue de nos deniers pour la suspendre dans un de nos musées ? Voilà bien du travail perdu. »

Armand Silvestre était bienveillant, Edmond About n'était pas méchant : qu'on juge par leurs articles de ce que pensaient les juges qui se piquaient de sévérité. Quelques-uns s'amusaient à d'assez lourdes plaisanteries. Par contre, Charles Bigot, dans la *Revue littéraire*, Philippe Burty, dans *L'Art*, Louis de Fourcaud, dans *Le*

Gaulois, rendaient justice à Roll, et montraient la valeur et l'originalité du tableau.

D'ailleurs, il n'avait laissé personne indifférent : les sarcasmes et les injures le prouvaient comme les éloges. Un parti de peintres eût désiré qu'on décernât à la *Grève* la médaille d'honneur : elle fut attribuée au *Bon Samaritain*, d'Aimé Morot. Mais, quoi qu'eût dit Edmond About, l'administration des Beaux-Arts fut assez stupidement prodigue pour acquérir la *Grève de Mineurs*. Prodigue ? A vrai dire, non, car elle offrit à Roll, de son tableau, un prix assez modique. Roll l'accepta pourtant, car il avait la promesse que *la Grève* serait placée au musée du Luxembourg. La promesse ne fut pas tenue. *La Grève* ne resta même pas à Paris, dans l'un ou l'autre des monuments qui appartiennent à l'Etat ; elle fut envoyée au musée de Valenciennes, où elle est encore.

La Guerre, qui parut au salon de 1887, est de la même veine que la *Grève de Mineurs*. Roll se rappelait la triste campagne où il avait pris part, et il ne nous fait point voir des soldats brillants, animés d'un superbe enthousiasme. Il essaie de rendre la guerre comme elle est, — comme elle était, du moins, au moment où il l'avait faite. Dans un paysage ondulé, où se dressent quelques arbres dénudés, passent des soldats. Ils vont parmi les chevaux morts, les voitures renversées. Ils ne songent point à la gloire ; ils vont. Le tableau est d'une sobre tristesse et il permet de constater une fois de plus le dédain qu'avait Roll de tous les gestes excessifs et de tous les effets faciles.

Pl. IX.

Photo Bulloz.

DAMOYE, PAYSAGISTE

Il devait, à la fin de sa vie, voir encore la guerre. Il sut toute l'horreur du fléau. De Reims bombardé il avait des souvenirs émouvants ; il les a fixés. Et peut-être n'a-t-il rien peint de plus tragique qu'un petit tableau où une femme, les yeux égarés, s'en va, au hasard, devant elle.

Il ne faut pas croire que Roll se soit obstiné à ne voir que les douleurs du peuple ; il a vu aussi ses joies. Pouvait-il en être autrement de l'artiste qu'enthousiasmait la lumière et qu'enfiévrait le mouvement ?

En 1882, il expose *La Fête du* 14 *Juillet* 1880. On n'a point oublié ce que fut cette fête. Pour la première fois, depuis que la République était établie, se célébrait une fête nationale. La France avait reconquis la prospérité ; elle tenait un rang dans le monde. On avait choisi, pour la fête, l'anniversaire de la prise de la Bastille, et les souvenirs de la Révolution enflammaient encore les esprits. Des drapeaux avaient été distribués aux régiments. Le peuple aimait la République ; il s'exaltait à l'acclamer. Et puis, il y avait si longtemps qu'il n'avait été convié à une fête !

Roll a voulu nous rendre tout le mouvement, toute la lumière, toute la beauté de la joie populaire. C'est une joie fruste, sans apprêt. Chacun se laisse aller à ses sentiments, sans en rougir. On est vraiment heureux.

Nous sommes sur la place de la République. On aperçoit, au fond, la statue de la République, et, derrière, les maisons qui bornent la place. Des estrades ont été dressées. Une est occupée par un orchestre. Un régiment traverse la place. Au premier plan, à droite, une voiture attelée de deux chevaux, qui a dû s'arrêter. Une jeune fille tend des fleurs aux personnages assis dans la voiture. Près d'elle, un jeune homme, accompagné de deux jeunes femmes, ne cache pas son enthousiasme. Une femme porte deux enfants sur les bras ; un petit joueur de violon passe. Des hommes, des femmes, des enfants courent, crient, se réjouissent ; on rit, on chante, on danse. Au milieu du tableau, un jeune garçon, la mine heureuse, est prêt à vendre aux passants des cocardes et des médailles. Une belle lumière, gaie, paisible, ajoute à la gaieté de la foule.

Le 14 Juillet est une œuvre joyeuse, saine et forte. La composition en est d'une extrême habileté ; les groupes s'y équilibrent savamment, et la scène, pourtant, reste du plus grand naturel. Comme l'ouvrier assis résumait toute la tristesse de *La Grève*, le petit camelot qui court résume toute la gaieté du 14 *Juillet*. C'est bien une foule que nous avons sous les yeux, une foule grouillante, une foule active, mais l'ordonnance du tableau n'a rien de confus.

Cette fois encore, Roll ne contenta pas tout le monde. On lui avait reproché la tristesse de *La Grève*, on lui reprocha la joie du 14 *Juillet*. On la jugeait trop franche, trop exubérante. Au cours d'une étude sur l'œuvre de Roll, qu'il écrivit plusieurs années après qu'avait paru *Le 14 Juillet*, en 1896, Louis de Fourcaud disait avec justesse : « Je sais qu'on a reproché à cet important ouvrage d'être trop vrai. Faut-il donc peindre une fête populaire parisienne, à la fin du XIXe siècle, sous les dehors d'une fête à Venise à la fin du XVIe ? Les personnages sont typiques, expressifs, d'une observation empreinte de bonne humeur... Le grand branle joyeux, l'individualité des figures, le sceau personnel de la conception, l'harmonie chaude, claire, vigoureuse, fine et soutenue des colorations, assurent à l'œuvre son haut prix d'art. Elle traduit un moment de l'existence populaire parisienne ; elle marque une date dans l'histoire de la peinture du plein air... Ici, les modèles ont toute leur force, l'air circule entre les choses et la lumière chante parmi les formes nourries et les tons brillants. »

Le Travail, qui fut exposé en 1885, est, à la fois, le contraire et le complément de *La Grève*. Ici, les ouvriers sont en pleine activité. Roll représente un chantier à Suresnes, où l'on construisait alors un important barrage. Voici des tailleurs de pierres, voici des manœuvres qui transportent des matériaux. Une passerelle, où roule un chariot, raie le paysage. A l'horizon, les usines fumeuses de la banlieue parisienne. La lumière est fine ; Roll avait su regarder les ciels, si délicats souvent, de la région séquanaise.

Mais, d'avoir vu ce tableau si clair, si vivant, garde-t-on un souvenir de joie ? Non pas. Roll n'est point de ceux qui se laissent aller aux formules ; il observe, et il s'aperçoit que le travail n'est point la joie. Fourcaud, dans l'étude déjà citée, indique fort bien l'impression qu'on a devant le tableau de Roll, et il en analyse la raison. « On ne saurait désirer plus d'action vraie pour l'ensemble de la composition, plus de division avec plus de convergence morale, plus d'humanité en chaque figure isolée, plus de sentiment collectif en leur juxtaposition, plus de vaillance, enfin, et, surtout, plus de franchise. Si je parle d'action vraie, c'est qu'on est porté à s'étonner de l'allure un peu rassise des ouvriers. On ne prend pas garde à ceci que le travail, dans un chantier organisé, étant continu, n'a rien de fiévreux. Tout travailleur embauché doit fournir sa besogne, un nombre d'heures convenu. Comment la fournirait-il s'il ne régularisait sa dépense musculaire ? Une digue ne se construit pas aussi fougueusement qu'on donne l'assaut à une forteresse. M. Roll a été assez maître de lui pour ne rien outrer, et par là, justement, son tableau a pris l'autorité d'un acte. » Et, plus loin, il dit encore : « Qui donc a prétendu qu'il régnait dans ces agglomérations laborieuses un courant de gaieté ? Celui-là s'est trompé, à coup sûr. Ce qui signale essentiellement ces milieux, c'est la discipline avec la résignation imposée. A la première infraction à la règle, l'ouvrier est vertement réprimandé ; à la seconde, il reçoit son compte. Où trouverait-il, le long de ces rudes journées, matière à s'égayer ? A quoi voulez-vous seulement qu'il pense ? Il est fort. Mais sa force ne s'emploie utilement qu'au service d'autrui. On a pu proclamer en grande pompe la liberté et l'égalité ; il n'est, lui, et ne sera jamais qu'un esclave, car, plus puissante que tous les codes, la fatalité des choses le veut ainsi. »

Photo Bulloz.

MANDA LAMÉTRIE

Le Travail fut bien accueilli. Et voici qu'en 1889, un grand tableau est commandé à Roll. Il s'agissait d'y commémorer la fête qu'on avait donnée à Versailles pour célébrer le centième anniversaire des premières journées de la Révolution. Roll travailla longtemps au *Centenaire* : il ne voulait point que l'œuvre fût banale ; elle ne fut achevée qu'en 1893, et, cette année-là, elle parut au Salon.

Roll avait eu à représenter une fête officielle, et nulle tâche n'est plus ingrate pour un artiste d'esprit libre. Mais il avait réussi à renouveler la manière des commandes nationales ; il ne s'était point conduit en serviteur aveugle de l'administration.

Il est prudent, en critique, de se garder des comparaisons. Elles sont, le plus souvent, arbitraires, et il est rare qu'elles prouvent quoi que ce soit. Il en est une, pourtant, qui s'impose à nous, au moment où nous parlons du *Centenaire*. Elle nous aidera à montrer par quoi Roll, ici, agit en novateur.

Le Centenaire est, aujourd'hui, au musée de Versailles. Il est placé en face d'un tableau célèbre, dû à David, *La Distribution des Aigles*. Certes, le tableau de David est très vivant. Le groupe militaire qui, d'un geste unanime, prête serment à l'Empereur, est d'un mouvement superbe ; l'enthousiasme le transporte ; mais David ne nous fait voir que des personnages qui touchent à l'État ; il cache la foule ; nous ne connaissons pas son sentiment.

Tournons-nous maintenant vers le tableau de Roll. Le chef de l'État, les ministres, les hauts fonctionnaires, les hommes illustres n'y sont point oubliés, soit qu'ils entourent le président, soit qu'ils aillent à lui. Roll a peint là d'excellents portraits, qui laissent deviner le caractère des individus : on reconnaît Carnot, Tirard, Gréard, Claretie, Zola, Massenet, je ne sais combien d'autres encore. Mais ils ne sont point, en somme, les vrais héros de la fête. C'est la foule qui tient le premier rôle. Elle remue, elle crie, elle applaudit. Les hommes agitent leurs chapeaux; les femmes, les enfants ne cachent pas leur joie. Roll a choisi le moment où la fête officielle se transforme en fête populaire. *Le Centenaire* est le digne pendant du 14 *Juillet* : rien n'y est froid, rien n'y est compassé.

En 1896, Roll reçut de l'État une nouvelle commande. Il lui fallait, cette fois, rappeler la pose d'une première pierre, celle du pont Alexandre III. Le sujet était assez ingrat. La cérémonie avait été tout officielle. La foule en avait été exclue. Paul Mounet avait récité un poème de José-Maria de Heredia. Le tsar Nicolas II avait fait, une truelle à la main, le geste traditionnel. Roll se tira de la difficulté avec grâce et avec esprit.

Il y avait eu, au cours d'une heure pompeuse et morose, une minute de détente. Au nom de la Ville de Paris, des jeunes filles étaient venues offrir des fleurs à la tsarine. Elles étaient arrivées par la Seine. Roll a représenté cet aimable épisode. Le tsar, la tsarine, le président de la République sont au milieu du tableau, mais ils n'occupent que le second plan. Derrière eux, les personnages officiels; on en peut reconnaître quelques-uns : M. Paul

Deschanel, M. Louis Barthou, M. Gabriel Hanotaux, d'autres encore. Au premier plan, c'est le groupe des jeunes filles. Elles ont quitté la barque où elles ont été conduites ; elles montent vers la souveraine. Toutes sont vêtues de blanc : aussi le tableau laisse-t-il un souvenir clair et frais. Avec un art subtil, Roll a évité la monotonie dans les poses. Il fallait, pour peindre avec tant de charme une pareille cérémonie, la plus sûre ingéniosité.

Il est bon de noter que Roll prit la peine de modeler lui-même le cadre de ce tableau : il ne voulait pas qu'on l'entourât de façon banale. Le cadre de *La Pose de la première pierre du pont Alexandre III* est un exemple excellent de sculpture décorative.

En 1895, Roll exposa un panneau décoratif qu'il intitulait : *Joies de la Vie* (*femmes, fleurs, musique*).

Il est certain que Roll, par ses recherches de mouvements, par son amour de la lumière, avait donné souvent à ses tableaux une valeur décorative. On s'en convaincra en regardant *La Chasseresse*, *La Femme au Taureau*; et, bien que très différente de ces peintures, *La Fête du 14 Juillet* ne tient-elle pas, elle aussi, de la décoration ? Il n'en est pas moins vrai qu'avec les *Joies de la Vie* Roll s'essayait à une forme nouvelle pour lui.

Deux panneaux lui avaient été commandés pour une salle de l'Hôtel de Ville. Il conçut un ensemble lumineux, dont le passant gardât un souvenir de bonheur.

Roll aimait trop la vie réelle pour peindre, après tant d'autres, des figures allégoriques ; quelque volonté qu'on ait de les animer, elles restent toujours un peu froides, et, dès qu'on désire les grouper, on risque de ne trouver qu'une composition bien conventionnelle. Aussi Roll ne nous met-il sous les yeux que des êtres humains, et c'est du fait qu'ils sont réunis qu'on prêtera un sens au tableau.

Regardons le premier panneau des *Joies de la Vie.* Nous sommes dans un parc brillant, où s'épanouissent librement les fleurs : c'est une joie, en effet, que de vivre parmi les fleurs. Mais qu'y a-t-il de plus beau qu'un corps de femme ? Et voici, parmi les fleurs, des femmes dans toute la splendeur de leur jeune nudité. L'une est debout, une autre est assise, d'autres sont couchées. Des enfants courent et jouent. N'est-ce pas une joie encore d'entendre, dans une claire journée, des chants heureux ? Et, par une hardiesse renouvelée de Giorgione et de Manet, aux jeunes femmes nues le peintre donne pour voisins des musiciens vêtus comme ses contemporains. Sous les arbres, au loin, des couples dansent ou se promènent. C'est vraiment, dans le parc fleuri, une heure de joie.

La composition du panneau est excellente. Les groupes s'équilibrent à merveille. Roll avait vraiment peint une belle œuvre décorative.

Le second panneau peint pour l'Hôtel de Ville, *Joies de la Vie* (*art, mouvement, travail, lumière*), ne parut que dix ans après le premier. Il est très intéressant à étudier. La composition en était difficile. A droite, vont les hommes épris d'art. A gauche, galopent des cavaliers qu'enivre le mouvement. Des ouvriers, au milieu, poussent

Photo Bulloz.

PORTRAIT D'ALPHAND

un chariot chargé de pierres. Le groupe est d'une singulière vigueur. Des monuments de styles divers s'élèvent çà et là. Une grande lumière tombe sur certains personnages, laissant les autres dans la pénombre. Le second panneau des *Joies de la Vie* est un des plus curieux efforts de Roll pour se créer une manière décorative qui fût bien à lui. Il ne perd point de vue la réalité, il ne s'égare point au pays des monstres, et nous devinons pourtant quelle idée il a voulu exprimer par des lignes et des couleurs.

En 1908, Roll termine un nouveau panneau décoratif. Il était destiné à une salle de la Faculté des sciences, dans la Sorbonne ; il était intitulé : *Vers la Nature, pour l'Humanité.* Là, dans la lumière du ciel, apparaît une femme nue ; elle éblouit les regards, et les hommes sont attirés vers elle. Une autre femme, à droite, semble les guider ; une troisième femme, à gauche, penchée sur un cadavre, médite. Dans le milieu du tableau, un groupe de trois hommes contemple l'apparition ; de la terre, montent les fumées des cités laborieuses. Il est certain que, cette fois, Roll n'a pas dédaigné de peindre des figures allégoriques ; mais il les dépouille des attributs conventionnels, il s'efforce de leur laisser l'attitude d'êtres vivants. Du reste, quelques personnages gardent tout de la réalité ; on reconnaîtra, çà et là, des savants célèbres, que Roll a tenu à prendre pour modèles.

Les années suivantes, il peint des panneaux modestes de dimensions, panneaux pleins de grâce, d'une clarté très séduisante ; il en ornait la villa d'un ami à Deauville ;

c'était pour lui une sorte de délassement ; son imagination était libre.

Il préparait un nouvel ensemble, le plus important qu'il ait composé. Il s'agissait de décorer un plafond du Petit Palais. Il n'a pas pu terminer cette décoration ; il en existe pourtant les trois parties principales. La partie centrale, *Apothéose,* fut exposée au Salon de 1913 ; une autre, *Poésie-Drame,* au salon de 1914. Il commençait à travailler à la troisième, *Musique fantastique,* quand fut déclarée la guerre. Malgré les angoisses où il vécut, malgré les tâches bienfaisantes qu'il accomplit, malgré les fatigues qui, enfin, le domptèrent, il n'abandonna pas cette œuvre, et il la montra au public en 1919.

Roll n'a jamais peint, sans doute, d'ensemble décoratif qui égale en éclat et, à la fois, en délicatesse, le plafond du Petit Palais.

Le morceau intitulé *Apothéose* est des plus brillants. Au milieu de la composition, une femme vêtue d'un rouge ardent, va avec hardiesse dans un ciel de lumière. Cette femme, d'une beauté vigoureuse, c'est la République ; elle n'a rien de mièvre, rien non plus de pompeux ; elle a la fierté simple, la santé joyeuse, la souriante noblesse des êtres sains et purs. A voir cette figure que l'auteur a su animer d'une vie si puissante, nous oublions qu'elle n'est, après tout, qu'une allégorie. Roll ne pouvait pas représenter de personnages qui ne tinssent pas de la réalité.

Vivants aussi sont les compagnons de la République : un enfant qui jette des fleurs, un jeune homme qui porte un flambeau. Ils vont aussi par le ciel, sans faiblir.

Puis voici, à droite et à gauche du groupe magnifique, entrevus parmi des nuages légers, les bustes et les masques des hommes dont le libre génie illustre la France. Le moyen est habile pour aller de la représentation de personnages allégoriques à celle de personnages vrais. Car, aux extrémités du plafond, sont rassemblés des travailleurs d'aujourd'hui ; nous avons sous les yeux ces hommes dont le peintre aimait le dévouement et honorait le labeur. On aperçoit, dans le fond, des monuments superbes et des usines fumeuses.

La composition de ce morceau est rigoureuse, et pourtant Roll a réussi à éviter la raideur lourde et monotone.

En regardant le morceau, *Poésie-Drame*, nous sommes frappés par l'adresse avec laquelle Roll y emploie les violets et les bleus. Le tableau en garde une sorte de tendresse et de mélancolie. Une femme, quelque Muse sans doute, donne au poète un doux baiser. D'autres femmes sont étendues. Là encore, nous admirons la beauté des nus.

Le troisième morceau, *Musique fantastique*, est d'une composition plus complexe que *Poésie-Drame*. Les nuances aussi en sont fort subtiles. Roll n'oublie pas que les trois morceaux font un ensemble, et, *Musique fantastique* étant destiné à faire pendant à *Poésie-Drame*, il y joue avec les bleus ; mais les bleus de *Musique fantastique* sont plus brillants que ceux de *Poésie-Drame ;* des gris, poussés presque jusqu'au noir, y sont mêlés, et, à droite, une draperie rougeâtre rappelle un peu l'éclat d'*Apothéose*.

Un orchestre occupe le fond du tableau. Il s'étage et vient à gauche, presque jusqu'au premier plan. Un buste le domine, celui de Berlioz. Roll, ainsi, rend hommage à un musicien auquel il avait voué une ardente admiration. A droite, deux cavaliers pressent leurs chevaux : Méphistophélès entraîne Faust à l'abîme. Tout au premier plan est couchée une femme nue, et celle-ci est une des plus belles que Roll ait peintes. Dans le coin droit, nous en voyons une autre.

Roll acheva le dernier morceau du plafond peu de temps avant sa mort. Il avait pu montrer à tous comment il entendait la peinture décorative.

Il aura eu la rare fortune de laisser quelques œuvres qui résument ses conceptions : *Caresse de soleil*, *Chevaux affrontés*, *Après la douleur*, *Le Centenaire*, la décoration du Petit Palais.

Roll, en art, a connu le bonheur ; mais il n'en tirait point vanité. Et, d'ailleurs, si belle qu'elle soit, si près qu'il la voie de celle qu'il a rêvée, un honnête homme est-il jamais satisfait de son œuvre ?

IV

ROLL ET LA CRITIQUE

Il est curieux de voir comment Roll, aux divers moments de sa vie, fut jugé par les critiques.

A l'époque où il débute, la renommée va surtout à des peintres timides, qui observent avec respect d'anciennes conventions et qui ne regardent la nature que d'un œil distrait. Delacroix, mort depuis quelques années, semble encore, à beaucoup d'écrivains et d'amateurs, avoir été d'une excessive hardiesse. On méconnaît le puissant génie de Courbet. Les œuvres de Manet, refusées souvent aux Salons, sont des objets de rire pour le grand nombre. On prise Cabanel et Gérôme.

Les premiers envois de Roll aux Salons furent remarqués de certains critiques, et lui valurent quelques éloges. Mais on ne les signale, en somme, que dans des notes assez brèves, que dans des articles écrits assez hâtivement au cours des expositions. C'est quand *Halte-là* paraît qu'on commence à prendre à Roll un réel intérêt. *L'Inondation* attire sur lui l'attention de tous. On le compare à Géricault ; on vante la vigueur, la verve du tableau ; on admire le bœuf qui lutte contre les flots. Oubliant

La Chasseresse, on est prêt à classer Roll parmi les peintres qui se plaisent aux sujets lugubres.

Aussi, quand il expose *La Fête de Silène*, manifeste-t-on quelque étonnement. Certains se laissent séduire, mais il en est qu'effraie la joie exubérante de la scène. Edmond About ne pouvait regarder sans frémir la frénésie des Bacchantes ; il les jugeait de mauvais ton. Mais d'autres, plus avisés, louaient sans réserve le mouvement et la lumière du tableau. Il fallait tenir grand compte, désormais, de l'homme qui, après *L'Inondation*, donnait *La Fête de Silène*.

C'est alors que parurent les premiers articles, non plus sur un tableau, mais sur l'œuvre de Roll. L'un fut publié, le 24 avril 1879, dans le *Panthéon de l'Industrie*, « revue hebdomadaire illustrée des expositions et des concours ». Il est signé William Raymond. Il est bref et la valeur en est médiocre. L'auteur rappelle d'abord les luttes qu'au début de sa carrière Roll eut à soutenir contre sa famille. Puis il énumère les tableaux qu'on vit aux Salons. Il s'étend un peu sur *L'Inondation* : « Nous voyons encore cette œuvre largement et énergiquement brossée.... Cette scène grandiose ne peut s'oublier. Ce fut le succès du Salon. » Il parle enfin de *La Fête de Silène* : « Ce dernier tableau était un des plus vigoureux du Salon. On a pu le comparer à un Rubens pour l'exubérance des chairs, la vigueur du modelé et la vivacité du mouvement. Cette ronde de bacchantes tournant, avec les contorsions de l'ivresse, autour du gros Silène, ressortait, malgré le sujet, des vieux cadres académiques. On comprit que, si l'auteur s'en tenait encore à de pareilles données, ce n'était que pour ne pas abandonner le nu, qui est et reste la base de toute grande peinture, comme couleur et comme dessin. » Il termine en annonçant que « M. Roll vise aujourd'hui à reproduire des scènes du monde actuel », que « c'est dans le monde des sombres travailleurs des usines que M. Roll cherche ses modèles ». Et il ajoute : « Nous ne doutons pas qu'après avoir étudié de près ces martyrs du devoir, il n'en tire quelque grande page qui le placera définitivement au premier rang de la grande peinture contemporaine ».

Un autre article, signé Henri Demesse, fait partie de la *Galerie contemporaine littéraire et artistique*, publiée par Ludovic Baschet, éditeur (deuxième série, n° 220). Henri Demesse a rendu visite à Roll dans son atelier. Roll y prépare, pour le Salon de 1880, « le grand tableau des *Grèves* ». Henri Demesse fait une courte biographie de Roll, donne le titre des œuvres qu'il a exposées de 1872 à 1879, décrit *Halte-là*, *La Chasseresse*, *L'Inondation*, *La Fête de Silène*. Le critique marque au peintre une grande sympathie. De *La Fête de Silène*, il dit : « C'est beau, c'est énergique. Cette étude de nu est magnifique dans son étrangeté. Roll sera, quand il le voudra, un de nos grands coloristes. Il y a dans cette toile des effets d'ombre et de clarté qui séduisent l'œil, et des expressions de plaisir qui, sans éveiller les sens, parlent à l'âme. Encore, dans cette toile, l'artiste a cherché le vrai dans l'art, ou, pour mieux dire, il a fait une œuvre d'art d'une valeur indiscutable, avec du vrai, non pas du vrai vulgaire, du vrai écœurant, mais, si je puis dire ainsi, du vrai idéal. » Il continue : « Nous venons d'étudier les différentes œuvres du jeune artiste qu'on peut déjà appeler maître ; mais nous n'avons vu que celles qui sont les plus remarquables ; nous citerons encore un beau portrait de M. Jules Simon, ancien ministre de l'Instruction publique. Dans ce portrait, Roll nous prouve qu'il est l'élève de Bonnat, tout en gardant une note bien personnelle. Je ne trouve pas de meilleur compliment à lui adresser. » Et il conclut : « Roll est un artiste de race, il a un tempérament. L'avenir, et l'avenir le plus brillant, est à lui, s'il le veut ; et il le veut, j'en suis sûr. »

Nous avons dit déjà que la *Grève de Mineurs* suscita la fureur de nombreux critiques : nous avons cité des articles d'Edmond About et d'Armand Silvestre. Nous avons dit aussi que le tableau eut de vaillants défenseurs ; un des plus ardents fut Louis de Fourcaud.

L'article qu'il écrivit alors, et qu'on trouve dans le *Gaulois* du 10 mai 1880, est de la première importance. Il ne s'y borne pas à louer la *Grève ;* il y étudie, avec toute son autorité, l'œuvre de Roll.

« Peu de talents, dit-il, m'inspirent une plus franche sympathie que celui de M. Roll. J'aime ce mâle artiste, rude, audacieux, volontaire, amoureux des choses vivantes, fécond et varié. Il n'a qu'un principe esthétique : c'est que l'art doit être l'expression de la vie à sa plus haute puissance. Ses œuvres dénotent un tempérament sain, une exubérance qui se règle, une personnalité qui

PL. XII.

Photo Bulloz.

APRÈS LA DOULEUR

se gouverne. Ce n'est pas lui qui aborderait sa toile avec des emportements irréfléchis ; il va hardiment à son but, mais il sait toujours quel est son but. D'autres font parade de violences ou étalage de finesses ; il se contente de dépenser ses forces. Cette carrure de sincérité m'attire invinciblement, et j'estime, par-dessus tout, ce beau dédain de ce qu'on pourra dire. Si je peignais, je voudrais que ma peinture atteignît cette réalité intense et dégagée d'arrière-pensée que M. Roll met en ses tableaux. Les raffinés m'accuseraient, comme ils l'accusent, de manquer de distinction, grief absurde, dont je me soucierais fort peu ; non que je sois l'ennemi des raffinements, mais parce qu'en art je ne mets rien au-dessus de la bonne santé.....

« M. Roll expose au Salon depuis une dizaine d'années, et voici cinq ans qu'il a fait sa trouée. Je l'ai suivi depuis ses débuts, d'abord d'essai en essai, puis d'œuvre en œuvre. »

Ici, Louis de Fourcaud raconte les études qu'a faites Roll sous les directions d'Harpignies, de Gérôme et de Bonnat. « Ses progrès sont rapides ; les souplesses et les énergies de la vie demeurent ses préoccupations constantes; il observe tout, il travaille avec acharnement. » Les premiers envois au Salon sont indiqués. « Faut-il que je rappelle *La Chasseresse* de 1876, cette femme aux chairs blondes si librement vivace et si franchement peinte ?... Cette peinture avait un merveilleux défaut : elle débordait de jeunesse et de fougue ; elle révélait un peintre aimant son art de passion, comprenant et rendant la chair comme on eût pu la comprendre et la rendre au temps de la vie nue. C'était déjà mieux qu'une promesse, c'était une affirmation. » Il passe assez rapidement sur *L'Inondation*. Il arrive à *La Fête de Silène*. « *La Fête de Silène* marque, en 1879, un nouveau pas, — et un très grand pas, — fait en avant. M. Roll est beaucoup plus maître de sa forme, et sa couleur gagne en vigueurs éclatantes... Rubens se fût montré satisfait de cette toile véhémente, où la vie et la lumière faisaient explosion. « Art grossier ! » s'écrie-t-on. Comme si les Bacchantes avaient les carnations satinées et les appâts modestes des nymphes de M. Bouguereau. Quand on s'arrêtait devant le tableau, il vous tourbillonnait aux yeux. M. Roll s'affirmait une fois de plus, et mieux que jamais. La mythologie touchait peu en elle-même ; mais il tirait d'une de ses traditions le prétexte de faire vivre ardemment des créatures opulentes et fières de leur chair. »

Avant de parler de *La Grève*, Fourcaud dit encore : « Le constant souci du peintre, c'est d'exprimer la vie tantôt débordante, tantôt concentrée. Tour à tour, depuis qu'il est lui-même, il s'adresse à la réalité, qui lui fournit des scènes poignantes, et à la fantaisie, qui lui permet d'animer dans son cadre de riche nature de beaux corps, actifs, et du sang le plus rouge. Sa force naturelle ne s'exerce volontiers que sur les sujets forts. D'ailleurs, tout pédantisme lui est étranger. Il prend des taureaux par les cornes aussi simplement qu'un autre prendrait des moutons. C'est affaire de tempérament et de muscles. M. Roll, en peinture, est surtout un musculeux. »

La Grève est alors décrite en termes excellents. « On ressent, dit-il en terminant, une impression tragique où la pitié combat l'horreur. » Et il ajoute aussitôt : « L'artiste ne s'est pas inquiété de nous émouvoir par des artifices mélodramatiques, il n'a laissé aucune place à la philosophie en son œuvre. Seulement, il s'en dégage une philosophie naturelle, car l'œuvre devient profonde à force d'être vraie... Le tableau n'accuse personne ; il a cette utile grandeur qu'il prête à réfléchir ; il n'est pas amer, il est franc.

« M. Roll a rendu cette grande page avec une verve au moins égale à sa sincérité. Les types sont pris sur le vif... La couleur est sombre, monotone, et pourtant d'une vigueur surprenante... Le peintre a trouvé des tons sinistres qui ajoutent à l'épouvante du sujet. Aucune emphase, néanmoins, dans cette peinture sobre, ferme et substantielle, qui dit tout sans rien souligner outre mesure. Je suis frappé de cette facture virile ; ce tableau superbe m'emplit l'esprit et les yeux. »

Et voici les derniers mots de l'article : « C'est le grand honneur de M. Roll d'avoir su traduire si simplement et si gravement une scène de cette sorte. Il y a dans sa toile une poussée de talent qui annonce une prochaine maîtrise. On est bien près de passer maître quand on arrive, en dehors des voies battues et des recettes ordinaires, par le seul élan de sa personnalité, à des résultats d'une telle saillie. »

On voit en quelle estime Roll était tenu, dès cette époque, par un critique des plus instruits, des plus sagaces et des plus justes.

D'ailleurs Roll, que rien n'aurait détourné de sa tâche, produit fièrement ses œuvres. Il s'est imposé maintenant à l'attention de tous ; sa renommée grandit. Ceux même qui ne partagent point ses idées et ses goûts, rendent hommage à sa probité. On le respecte, on l'honore. Nul ne songerait plus à contester la puissance de son talent. Et, en 1896, un éditeur d'art, Armand Guérinet, a la pensée de publier, en un album, des planches reproduisant les principales œuvres de Roll. Il demande une Introduction à Louis de Fourcaud.

Louis de Fourcaud n'avait jamais cessé de défendre Roll. L'étude qu'il écrivit à la prière d'Armand Guérinet vaut d'être lue. Nous en avons déjà, quand nous avons parlé du 14 *Juillet* et du *Travail*, cité quelques passages. Elle montre à quel rang s'était élevé Roll au moment où elle parut.

« L'œuvre de ce vaillant peintre, dit Fourcaud, constitue, à mon avis, un ensemble d'une originalité si nette, d'une diversité si franche et, néanmoins, d'une si robuste unité, qu'il ne serait pas besoin de longues analyses pour en faire saillir le haut intérêt. De cette suite de tableaux, inspirée d'une pensée d'art unique aux multiples applications, où, sous des impressions sans cesse renouvelées, le talent lui-même se renouvelle en se développant, deux traits, tout d'abord, se dégagent : la continuité du principe, l'autorité du caractère... Qui-

Pl. XIII.

Photo Bulloz.

CARESSE DE SOLEIL

conque feuillettera vos planches aura conscience immédiatement de la part des ouvrages et de la valeur de l'artiste. On sent en lui une organisation puissante et agissante, éminemment particulière, en laquelle s'équilibrent le don et la volonté, la force qui se raisonne, la sensibilité qui s'affine, le sentiment technique qui s'assouplit... L'art de M. Roll se rattache par des liens étroits au mouvement esthétique de notre temps. Au point de vue des idées, c'est un art complexe visant, d'une part, à traduire la société humaine en sa condition actuelle et, de l'autre, n'entendant à aucun prix se refuser la joie de rendre, à l'aide d'éléments réels, un spectacle brillamment imaginaire. Au point de vue des formes et des effets, il se réfère à la nature incessamment consultée. Au point de vue des moyens, il renoue aux traditions des maîtres de la peinture grasse, des coloristes spontanés de la Hollande et de la Flandre du XVIIe siècle, mais modifiées par l'esprit français et spécialement élargies par les modernes préoccupations sur l'ambiance lumineuse. Nous sommes donc en présence de manifestations de bonne foi, issues de l'observation des êtres et de la définition des concepts confrontés avec la vie, absolument propres à l'époque où nous sommes et distinctes également des manifestations italo-classiques, des productions romantiques et même du réalisme d'antan. » Après avoir résumé les influences diverses subies par les peintres français, il veut préciser « les origines du talent de M. Roll », et il écrit : « Sa théorie générale est celle du réaliste, en ce qu'il n'admet aucun idéal préconçu, formaliste, extérieur et supérieur à la nature; mais cette opinion de Courbet s'accentue fortement en lui, qu'il appartient à l'artiste de fixer l'original, selon son concept et sa vision, les faits caractéristiques de notre humanité individuelle, sociale et nationale, et qu'il lui est permis d'évoquer sur la toile ses idées morales et ses caprices même, en se servant de formes réelles scrupuleusement observées en leur naturel avant d'être librement agencées et, au besoin, transposées. A l'égard de la technique, s'il reste fidèle aux manières grasses, à la riche matière colorée, il a beaucoup profité de l'orientation impressionniste vers l'enveloppe vibrante, les valeurs claires et le plein air. Il appartient à ce groupe de peintres en qui le sentiment du paysage a renouvelé la fraîcheur et la franchise des sensations en présence des êtres et des choses, en la subtile diversité des effets. Enfin, quoique issu de la démocratie, il n'entend nullement n'ouvrir ses tableaux qu'aux types du peuple. Il sait qu'un art a, génériquement, le caractère populaire quand il satisfait aux exigences et répond aux aspirations de tous. M. Roll est donc, par large et compréhensif amour du vrai et sans éclectisme contradictoire, un peintre d'histoire, de mœurs, de portraits, de paysages, d'animaux et, parfois, un peintre de fantaisie Son œuvre s'étend aux manifestations de la vie les plus différentes, avec la même spontanéité consciente et la même sincérité. »

Suivent des considérations fort justes sur les grandes œuvres que Roll avait déjà produites, et nous arrivons à la conclusion de l'étude : « Un point certain est que

M. Roll est un des artistes de peinture qui a le plus mis de soi-même et de son temps dans ses tableaux. Il restera comme un peintre de race, ayant des vues individuelles, et franc coloriste, — maître par conséquent... Nul parmi nous n'a exécuté de plus beaux morceaux et en plus grand nombre. Nul ne s'est risqué par des visées plus nobles et plus généreuses, servies par une technique plus valeureuse, à la fois classique dans le sens des anciens Hollandais et de Velasquez et sainement émancipée. Dans l'ordre français historique, il se rattache à Géricault, à Gustave Courbet et à Manet ; mais par des liens de large filiation, sans parti pris et dans la manière qui lui est propre. » La liste de ses envois aux Salons annuels nous permet de surprendre « au vif la succession de ses efforts et de ses progrès ». Nous voyons « à quel point les tentatives se produisent, applications différentes et conscientes d'une doctrine unique, témoignages divers et indiscutables d'une maîtrise qui s'appartient ».

Roll est maintenant parmi les maîtres de la peinture française, et c'est à qui dira sa louange. On ne discute pas son autorité. Il n'est pas d'honneur auquel il ne pourrait prétendre. Mais il estime qu'un peintre se doit d'abord à son œuvre. Il ne se soucie pas de perdre son temps à monter des escaliers, et, pour prouver qu'il mérite les éloges dont on l'a comblé, il s'acharne à créer toujours du nouveau.

En 1904, un critique des plus consciencieux, M. Roger Milès, veut que nul n'ignore pourquoi Roll tient une place éminente parmi les peintres de son temps. Dans un livre important, qu'il intitule simplement *Alfred Roll*, il analyse avec scrupule l'œuvre du maître. Il en montre l'origine, la pensée, la logique. Roll, dit M. Roger Milès, « a peint des paysages dont il notait avec éclat la calme sérénité ou la splendeur tragique ; il a peint des animaux dans leur anatomie par où s'expriment les instincts, et dans le cadre de nature dont ils sont le complément nécessaire ; il a peint des portraits dans lesquels il se plaisait à interpréter ses modèles, non pas selon la sécheresse d'une image immobile, mais selon l'aspect intime de leur vivante activité ; il a noté des types dans les faubourgs et dans les campagnes ; il a surpris les foules dans les heures des liesses nationales et dans les heures de tempêtes sociales ; il s'est envolé dans le rêve, empruntant, pour la réalisation des scènes imaginées, la figure et la forme des êtres qui évoluaient autour de lui ; il s'est emparé enfin d'une conception qui lui a permis de juger d'ensemble l'humanité dans ses individus et dans son instinct collectif, pour une synthèse plastique, qui traduirait son âme bonne et loyale et sincère, ouverte à toutes pitiés, meurtrie de toutes les blessures, de toutes les détresses ; et quelque opposées que semblent ces manifestations d'un talent sans cesse en éveil, il n'y a là qu'un hymne colossal et superbe à la vie, la vie qui anime les créatures et les épuise, la vie faiseuse de mort et d'éternité. »

« Et comme il a le souffle, continue M. Roger Milès, l'élan, la haute culture morale, qui sait réfléchir, penser,

Pl. XIV.

Photo Bulloz.

PORTRAIT

s'émouvoir sans mièvrerie, sans fadeur, sans inopportunité, son hymne à la vie est en même temps un hymne à la beauté... Ce reflet du beau absolu, Roll l'a cherché partout, et partout il l'a retrouvé, dans l'opulente élégance du salon et dans l'humble misère de la rue, dans les êtres et les choses, dans le pittoresque des pays aux verdures envahissantes et dans les contrées aux mélancoliques pauvretés, qui se sauvent de la monotonie par la simple grandeur de leurs lignes poursuivies jusqu'à l'horizon, loin, très loin, comme si elles se fondaient avec l'infini ; dans l'océan dont le tumulte gronde et menace le ciel bas et gris ; dans le rêve, enfin, dans le rêve qui reprend aux lointaines mythologies ses acteurs les plus voisins de l'humanité, pour réaliser des idées qui sont autant de strophes enflammées. »

Et M. Roger Milès conclut : « On pourrait presque définir son réalisme : la matière spiritualisée, si l'on se pénètre bien de ce fait que l'art, qu'il aime et qu'il sert avec autant de valeur, doit aller à l'âme, l'émouvoir et l'élever. »

L'année suivante, au moment où il devint président de la Société nationale des Beaux-Arts, un grand poète, Stuart Merrill, donnait à *L'Européen* un article sur Roll.

« Roll, lui, disait Stuart Merrill, si j'en crois la renommée publique, n'a pas subi l'influence des salons. Il n'est pas l'homme des politiques, des amabilités et des accommodements. Des mécontents lui reprochent même ce qu'ils appellent son parti pris, sa rudesse et son entêtement. Traduisez par volonté, franchise et conviction, et vous aurez le caractère foncier de M. Roll...

« Son œuvre révèle une âme d'artiste toujours en éveil, mécontente du résultat atteint et tendue vers celui qu'elle cherche, refusant non seulement d'imiter les autres, mais de briser son élan par un perpétuel retour sur elle-même.....

« Il a tout tenté, il a presque tout réussi, et, ce qui est rare, il ne doit rien à personne. Il n'a pas emprunté les yeux de Renoir pour peindre en plein soleil la chair glorifiée de *La Femme au Taureau*, ni ceux de Bastien-Lepage pour camper dans sa robuste attitude *Manda Lamétrie*, ni ceux de Constantin Meunier pour établir l'ordonnance sombre et douloureuse de *La Grève des Mineurs*; encore moins a-t-il songé à certaines fadaises fort réputées en faisant son portrait de *Jeune fille*. Il n'a pas essayé d'étonner le public par de sauvages bariolages, sous prétexte de plein air, quand il peignit *En Normandie*. Et lorsqu'il voulut rendre les horreurs de *La Guerre*, il négligea complètement de séduire, comme tel autre, par des talents de tailleur militaire.

« Bref, il a toujours été sincère et il a couru l'aventure ordinaire des gens sincères, en risquant de mécontenter tout le monde. Débutant à une époque où la tendance était de suivre quelques chefs de file dont les uns, enfants terribles, recevaient les crachats du mépris sur leurs toiles et dont les autres, bien sages, exhibaient ceux de l'honneur sur leur plastron, il comprit qu'on n'est personnel qu'à condition d'être sincère, et il abandonna la formule des écoles pour l'étude de la nature... Si nous prenions la peine de noter les dates de ses œuvres, nous nous apercevrions.. que Roll fut, en bien des cas, un précurseur.

« Ainsi, je crois bien qu'il fut le premier à exprimer la beauté inconsciente de l'ouvrier dans les gestes habituels de son travail.....

« Il voit, et interprète plutôt qu'il ne rêve et imagine. Il a, comme Zola, le sens de la foule. J'estime que *La Fête nationale du* 14 *Juillet* 1880 est un des rares chefs-d'œuvre de la peinture naturaliste. Dans cette *Fête du* 14 *Juillet*, Roll a su, avec un tact louable, éviter les trivialités d'une notation trop scrupuleuse. Il n'a retenu, de la foule en liesse, que les éléments qui puissent s'accorder avec l'idée de joie, de paix et de lumière qu'il voulait exprimer. Dans le poudroiement du soleil, les drapeaux, les danses, les fanfares, tous les sons éclatants, tous les rythmes vifs, toutes les couleurs folles s'harmonisent en une prodigieuse symphonie d'allégresse, d'espoir et d'amour. Les délicats ont crié à la vulgarité. Ne leur en déplaise, ce furent de faux délicats, car la foule a toujours fait trembler l'âme des poètes, autant que la mer ou la forêt, d'une sorte de délire sacré. Et ce délire, Roll le sentit certainement lorsqu'il conçut cette toile que je ne puis comparer qu'à certaines pages de *Germinal*....

« Il sait saisir sûrement ce qui est universel et général dans certains gestes laborieux que l'humanité répète depuis qu'elle a émergé de l'inconscient. Dans ses admirables croquis, il note l'attitude de l'ouvrier au moment précis où elle prend, si j'ose ainsi m'exprimer, sa valeur d'éternité. Il rejoint ainsi, par delà les siècles, les artistes babyloniens, égyptiens, hellènes et étrusques, qui figurèrent les scènes de la vie agricole et industrielle de leur temps.....

« Est-ce par hasard que je compare Roll à Zola ? Je me fie à l'intuition qui m'a fait accoupler ces deux noms. M. Roll appartient à cette phalange d'artistes démocrates : Millet, Courbet, Meunier, qui ont demandé au peuple de les inspirer et qui l'ont glorifié en retour, bien qu'ils n'aient pas essayé dans leurs œuvres d'exprimer la moindre théorie politique ou sociale ; nous y retournons sans cesse pour ne pas désespérer de la beauté des temps futurs. Les parthénons sont détruits, les cathédrales s'effritent, mais nous voyons déjà ici et là s'ériger des palais de fer, de verre et de lumière, où se déploieront les fastes d'une humanité organisée contre la misère, la faim et la mort.

« Si un palais du peuple s'élève à Paris, je voudrais qu'on en demande la décoration à M. Alfred Roll. »

Les études sur Roll se multiplient. On se plaît à juger l'ensemble de son œuvre. On cherche à discerner exactement ce qui le rend original ; on veut savoir aussi d'où il procède, de qui il tient.

En avril 1908, M. Léon Bourgeois trouvait l'occasion de dire publiquement l'amitié et l'admiration que, depuis longtemps, il éprouvait pour Roll. L'éditeur J.-E. Bulloz publiait, sous le titre *L'Œuvre de Roll*, un recueil où figuraient cent reproductions de tableaux ou de dessins. Il en demandait la préface à M. Léon Bourgeois. « C'est seulement ainsi, écrivait M. Léon Bourgeois, en embrassant d'un seul regard toute l'existence de l'artiste, qu'il est possible d'en connaître la haute noblesse, de mesurer ce que valent cette puissance extraordinaire de création et cette variété d'inspiration qui paraît infinie. On sent chez Roll un renouvellement continu des impressions et de la pensée ; et cependant une unité supérieure accorde si justement entre elle ses œuvres les plus différentes, qu'on dirait, en les parcourant, suivre les strophes, harmonieusement liées, d'un seul poème. »

M. Léon Bourgeois continue : « On a d'abord la certitude d'une sincérité profonde. Un homme s'est ici donné tout entier, et cet homme n'a voulu relever que de la nature et de lui-même. » Et plus loin : « Nul peintre ne s'est du reste plus complètement exprimé : ce qu'il veut, c'est nous faire comprendre, par la ligne et par la couleur, les mouvements de sa sensibilité et les vues de son esprit ; et sa sensibilité est délicate, aiguë, impressionnable à l'extrême, autant que son esprit est clair, élevé et vigoureux. » Il analyse avec finesse et perspicacité le caractère de Roll ; il en montre le rapport avec les œuvres, et il conclut : « Roll est bien le poète : tout dans la nature émeut son être ; la beauté mouvante et fuyante du monde le trouble encore aujourd'hui comme au temps de ses premiers essais.

« Mais il est aussi le combattant pour qui la lutte est une joie nécessaire. Il soumet ses sensations d'artiste à la forte règle de son jugement et les discipline sous la loi de sa volonté ; l'œuvre se dégagera, toujours émouvante et toujours ordonnée, faisant apparaître dans les choses l'âme des choses, élevant le réel jusqu'à l'idéal.

« Il ne vit pas dans la tour d'ivoire. Son émotion n'est pas purement esthétique, et ses inquiétudes morales sont aussi fortes que ses inquiétudes de dessinateur et de coloriste.

« Il est pris tout entier, et il veut nous rendre tout entier l'être humain, objet principal de son étude ; il en veut traduire par la ligne et par la couleur toutes les joies et toutes les douleurs.

« Enfin il est de son temps, il aime passionnément son pays, et ne veut rester étranger à aucune de ses épreuves et de ses luttes; il a le courage et la pitié; il sent l'angoisse de la misère humaine et il veut que nous la ressentions avec lui ; il n'admet pas que l'art du peintre ne puisse noblement servir avec la beauté, la justice et la vérité.

« Roll, élargissant superbement son cadre, et contemplant dans son ensemble toute la vie contemporaine, a su nous en donner à la fois le décor et le drame ; il a peint pour l'avenir — dans ces vastes pages qui dureront comme des témoignages — non seulement notre terre et notre ciel, mais notre pensée et notre âme. »

Un article de M. Léonce Bénédite, que donna, en septembre 1908, la revue *Art et Décoration*, indique bien quelles origines on trouvait à Roll, et quelles pensées on lui attribuait.

M. Léonce Bénédite parle de *Halte-là* : « Devant cette

première œuvre, dit-il, on ne peut pas ne pas prononcer le grand nom de Géricault. Cet esprit héroïque était le seul dont l'élan pût répondre à l'impétuosité de sa jeunesse. C'est alors son guide et son seul maître... *L'Inondation dans la banlieue de Toulouse*... nous ramène directement au maître gravement passionné du *Radeau de la Méduse*. Le caractère de la composition, prise elle aussi dans l'actualité tragique d'un fait divers, la manière ample du dessin, les contrastes expressifs du clair-obscur, le rôle harmonique du paysage et, par-dessus tout, le sentiment, se réclament de cette auguste parenté. »

Puis, M. Bénédite expose quelles étaient les tendances de l'art français aux environs de 1880. Il rappelle l'importance que prenaient en littérature des écrivains tels que Zola et Maupassant. Il dit l'influence qu'après Courbet exercèrent sur leurs contemporains Manet, Degas et les autres impressionnistes. « La place de Roll, continue-t-il, est très à part dans ce mouvement. Il avait, d'ailleurs, sur beaucoup d'autres, en dehors de la question du tempérament personnel, l'avantage de n'avoir, pour ainsi dire, point de passé scolaire. Il évolua presque instinctivement, sans effort, et au bout de deux années, on ne retrouve plus trace, dans sa technique comme dans son inspiration, des préoccupations antérieures : son évolution n'est pas définitive, mais sa vraie individualité commence.

« Désormais, son inspiration alterne entre deux courants : l'un, tout optimiste, qui se plaît à exalter les splendeurs et la joie de la vie, qui reprend et élargit son rêve de paysagiste et d'animalier, et qui choisit comme facteur principal la beauté de la femme ; l'autre, d'abord en apparence tout objectif et désintéressé, mais que perce bientôt la subjectivité de sa nature communicative et qui conclut, peu à peu, sous l'influence des événements de sa vie propre ou de la vie nationale, des émotions ou des commotions de sa pensée, à une sorte de pessimisme attendri par la sympathie ou par ce sentiment des temps nouveaux qui a remplacé la pitié chrétienne : le sentiment de la solidarité humaine. »

M. Léonce Bénédite étudie alors les principales œuvres de Roll ; il juge ses grandes compositions : « Dans ces vastes toiles, où l'on ne peut compter les figures, Roll, pour se placer au point de vue technique, montre une logique dans la composition, un imprévu dans la présentation, un don de vraisemblance dans le spectacle, une vérité individuelle dans ces figures qui, la plupart du temps, sont toutes des portraits, et en même temps un sentiment de l'ensemble, grâce à cet élan généreux de sa nature et en particulier à son sens des lois atmosphériques, qui en font des compositions décoratives peu communes .» Et il arrive enfin à la conclusion : « Il est donc permis de jeter un regard d'ensemble sur cette œuvre considérable qui se présente sous des aspects à la fois si particuliers d'observation et d'analyse et sous des effets si généraux de synthèse. Ce qui frappe surtout, c'est qu'elle est essentiellement réaliste ; même dans ces cas de synthèses éloquentes ou poétiques, l'imagination n'intervient que pour exalter le réel. Elle ne doit rien

Photo Bulloz.

PORTRAIT DE Mlle W. G.

au passé, aux livres, aux historiens ou aux poètes. Si personnelle soit-elle, la physionomie de Roll est exclusivement de son temps, de son pays et de son milieu. Elle est bien exactement l'expression de la mentalité et de la conscience morale des générations qui se sont formées avec la troisième République. Elle s'est vouée entièrement à la représentation de sa vie sociale et à l'exaltation de son idéal.

« D'autres conceptions ont suivi ; d'autres suivront encore. Mais, dans l'art, l'avenir ne détruit rien du passé. Et c'est peut-être parce qu'ils auront parlé juste et haut pour leur temps, que les maîtres tels que Roll seront entendus de l'avenir. »

Un critique avisé, M. Camille Mauclair, a écrit sur Roll plusieurs articles ; et jamais, sans doute, il n'a mieux résumé ses idées que dans les lignes données, le 27 novembre 1910, au *Progrès*, de Lyon.

Le titre seul de l'article : *Un grand peintre du peuple*, indique la pensée première de M. Camille Mauclair. « M. Roll, dit-il, était né pour créer de beaux poèmes de couleur, sensuels, vibrants et heureux..... L'artiste s'est montré capable d'amples ententes décoratives, de morceaux d'une technique superbe. Or, en M. Alfred Roll, jamais l'artiste n'a pu éclipser l'homme. Et si le peintre était un coloriste franc, exubérant, éclatant, un vrai fils du grand Manet, un réaliste à la vision sincère et à l'expression audacieuse, l'homme était un songeur mélancolique, profondément ému par la beauté et la souffrance du peuple, sans cesse hanté par le problème social et décidé à en donner une expression artistique.

« C'est par là que M. Alfred Roll a mérité d'être considéré comme un grand peintre du peuple... La démocratie peut être reconnaissante à ce noble créateur : il a fait beaucoup pour elle et surtout il l'a aimée avec une intense sincérité du cœur et de l'esprit...

« M. Alfred Roll a été l'initiateur de ce mouvement que quelques toiles de Courbet et, isolément, l'œuvre rurale de Millet, n'avaient fait qu'indiquer à l'avenir. M. Roll a réalisé de véritables symphonies picturales sur le thème plébéien. » Suivent de justes paroles sur *L'Inondation*, *La Guerre*, *Le Travail*, *Le 14 Juillet*, *Le Centenaire*. Et M. Camille Mauclair reprend : « Les poèmes de douleur et d'enthousiasme n'ont pas suffi à celui qui, parallèlement, peignait des œuvres de joie, de saine sensualité, comme *La Femme au Taureau* ou le *Silène*. Dès 1884, il entreprenait, lui le peintre fêté, aux succès brillants et rapides, le portraitiste de Rochefort, de Dumas fils ou de Jane Hading, il entreprenait des portraits qui ne devaient lui rapporter ni argent ni honneurs. Il allait les demander au peuple, et, stupéfiant les virtuoses élégants, les arrivistes, les mondains, il usait de son renom pour faire place sur les cimaises non à de belles dames, mais à des effigies en pied de vachères, de vendeuses de salades ou de plâtriers, dont, avec une belle ironie, il inscrivait les noms aux catalogues...

« Ainsi M. Roll obéissait à un invincible désir de redire constamment aux heureux, aux privilégiés, la leçon immanente de la vie plébéienne, et chacun de ces tableaux était une satisfaction de conscience. Il créait une peinture du peuple, émouvante sans cabotinage, exacte sans bassesse, dont l'émotion pleine de style et de mesure reste supérieure à tous les tableaux où bien des peintres, à sa suite, ont cherché à idéaliser ou à flatter la démocratie...

« Il a pu peindre des nus adorables, des fêtes officielles, des fleurs, des décorations enivrées de joie païenne; il a pu chanter l'amour, le luxe, la jeunesse, la joie de vivre : mais il a compris, aimé, exprimé les vagabonds, les pauvresses, les ouvriers, les sinistrés, les vaincus de l'existence, les résignés et les révoltés. Il leur a fait place, il les a imposés... Et à force d'éloquence et de talent, cet artiste de vérité émue a gagné sa cause et la leur : il a appelé l'homme des peines et la femme des sacrifices dans l'assemblée des figures que l'art immortalise.

« N'est-ce pas que le nom d'Alfred Roll mérite, en retour, d'être de ceux que la foule plébéienne répète avec reconnaissance, de ceux qui lui deviennent justement familiers ? Et si un grand honnête homme, qui ne se contenta pas d'être un grand peintre, a été pour elle dans son art ce que Zola fut dans le sien, n'est-ce pas qu'une commune gratitude doit réunir ces deux puissantes, ces deux saines et loyales énergies, dans le souvenir des travailleurs qu'elles ont glorifiés ? »

La critique s'occupe sans cesse de Roll, et elle ne le juge qu'avec sympathie. Nul ne cherche à le faire déchoir du rang qu'il tient parmi les peintres français. On ne l'attaque pas, on ne le raille pas. Ceux même dont l'idéal s'éloigne le plus du sien lui gardent un sincère respect ; ils rendent hommage à sa grande probité ; et, quand les circonstances leur ont permis de l'approcher, quand ils ont connu la hauteur de sa pensée, quand ils ont joui de ses sages entretiens, au respect se mêle bien vite une amicale affection.

On n'ignore pas, d'ailleurs, l'estime qu'il a pour les efforts des jeunes gens. Il n'est point de ces artistes jaloux qui veillent cruellement à leur gloire et qui croient la sauver en repoussant les nouveaux venus. Il encourage les débutants. En est-il un à qui il trouve du talent ? Il essaiera de lui rendre facile l'accès au public. Pour celui qui s'abuse, à qui la pratique de la peinture ne réserve que des déboires, il n'est point méchant ; il n'a point de paroles moqueuses, il a de graves conseils ; et, si le malheureux persévère dans son erreur, Roll ne l'accable pas de sarcasmes, il le plaint.

Peu de maîtres ont mieux laissé voir, dans leur œuvre, leur sentiment, leur pensée et leur foi. Aussi ceux qui, plus tard, admireront les tableaux de Roll et les aimeront, admireront et aimeront Roll lui-même, comme, naguère encore, l'admiraient et l'aimaient tous ceux qui avaient la joie de vivre dans son intimité.

Pl. XVI.

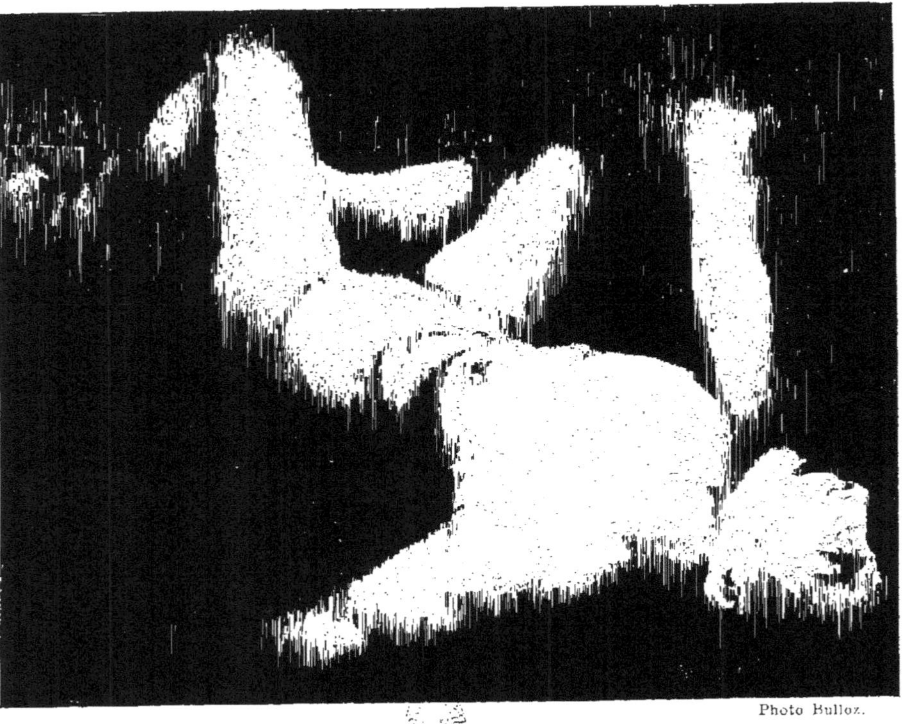

Photo Bulloz.

APPENDICE

L'ŒUVRE DE ROLL

Il existe déjà deux catalogues de l'œuvre de Roll. On trouvera l'un dans *L'Œuvre de Alfred-Philippe Roll* (Paris, Armand Guérinet, s. d.), à la suite de l'Introduction de Louis de Fourcaud. Il s'arrête à l'année 1896.

L'autre a été dressé par M. L. Roger-Milès et termine son livre : *Alfred Roll* (Paris, Lahure, 1904). Il s'arrête à l'année 1903.

Nous ne prétendons pas donner ici un catalogue complet. Les dessins qu'à laissés Roll, ses esquisses, ses études, sont innombrables. Mais, de son œuvre peinte, nous espérons n'avoir rien omis d'important. Outre les deux ouvrages cités, nous avons utilisé les livrets des divers Salons, et un catalogue manuscrit que M. Henry Roll a dressé de l'œuvre de son père. Nous sommes heureux de lui dire ici tous nos affectueux remerciements, ainsi qu'à Mme Henriette Roll et qu'à M. Marcel Roll, à qui nous devons les plus précieux renseignements.

1869

Environs de Baccarat.

Salon de 1870.

Le Soir.

Salon de 1870.

Paysage dans les Vosges.
Sous-bois dans les Vosges.
Paysage d'hiver.
Portrait de M. Dessalles.
Petit paysage à Champigny.

1870

Un garde national.

1871

Combat ancien.
Petite tête au ruban noir.

1872

Fuyard blessé.

Salon de 1872.
Musée de Saverne.

Rochers à Roscoff.
Dans les Rochers. (Jeune homme nu.)
Un Communard.
Portrait du peintre. (Étude.)

1873

Bacchante.

Salon de 1873.
Musée du Luxembourg.

Femme avec une poule. (Étude.)

Cheval bai, à Roscoff.
Portrait d'enfant.
Portrait de Mme Guillotin.
Enfant nu, assis, tenant un polichinelle.
Enlèvement. (Petite esquisse.)

1874

Don Juan et Haydée.

Salon de 1876.
Musée d'Avignon.

Pendant l'orage. (Tête de cheval andalou.)

Salon de 1897.

Cheval blanc. (Étalon percheron de l'École d'Alfort.)
Marine à Roscoff.
Autre marine à Roscoff. (Endroit où est descendue Marie Stuart.)
Marine à Tréboul.
Joueur de flûte. (Panneau décoratif.)

1875

Halte-là.

Salon de 1875.
Exposition centennale de 1900.
Musée de Versailles.

Baie des Trépassés. (Mer verte.)
Cuirassier sur un cheval noir.
Cuirassier sur un cheval blanc.

1876

La Chasseresse.

Salon de 1876.
Ambassade de France à Constantinople.

Portrait de M. Grivot.

Salon de 1876.

1877

L'Inondation dans la banlieue de Toulouse, en juin 1875.

Salon de 1877.
Musée du Havre.

Portrait de M. Georges Bertrand, peintre.

1878

Portrait de Jules Simon.

Salon de 1878.

Portrait de Mme Roll, mère du peintre.

Salon de 1878.
Musée de Rouen.

Portrait de jeune femme, coiffée d'une toque de fourrure et tenant un manchon.

Exposition Universelle de 1878.

Portrait de M. Marchal, peintre.
Femme assise, bras nus.
Tête de mendiant, à Pierrefonds.
Étude d'âne, à Pierrefonds.

Petit portrait d'enfant à âne.
Étude dans la forêt de Compiègne.
Tête de bœuf.

Musée de Saint-Étienne.

Bœufs sous le joug.
Nature morte. (Cafetière et autres objets.)

Musée de Saint-Quentin.

Jeune femme étendue. (Petit portrait de Mme Marie Roll.)

1879

La Fête de Silène.

Salon de 1879.
Exposition Universelle de 1889.
Musée de Gand.

Le vieux carrier.

Exposition Universelle de 1889.
Musée de Bordeaux.

Le père Joseph.
Femme nue, en plein air.
Femme au lévrier (Projet d'une décoration.)
Portrait de M. Duménil-Marigny, économiste.
Portrait de M. Léon Couturier, peintre.
Portrait d'Alexandre Dumas fils (inachevé.)

Salon de 1896.
Musée de Reims.

Le Repas (Au vert. — Étude de cheval gris.)

Musée de Prague.

Chevaux à l'écurie.

Musée de Valenciennes.

Petite étude de nu. (Femme debout, avec un manteau violet.)

Étude de nu. (Femme couchée dans des draperies.)

1880

Grève de mineurs.

Salon de 1880.
Exposition Universelle de 1889.
Musée de Valenciennes.

Deux chevaux et un gendarme.

Gamin portant son frère. (Étude faite à Anzin.)

Le petit Jules. (Étude faite à Anzin.)

Femme de mineur. (Étude faite à Anzin.)

Un mineur. (Étude faite à Anzin.)

La Mine. (Étude faite à Anzin.)

La Dame aux coquelicots. (Portrait de Mme Marie Roll.)

Salon de 1920.

Portrait de Mme Marie Roll. (Profil.)

Portrait de Mme Marie Roll. (De trois quarts, avec une fleur jaune dans les cheveux.)

La petite Marie et ses vaches. (inachevé.)

Femme nue vue de dos, et vache dans un paysage.

Le chien à la croix.

Enfant au soleil.

Salon de 1899.

Etude de pêcheur, à Sainte-Marguerite-sur-Mer.

Gros temps. (Marine à Sainte-Marguerite-sur-Mer.)
Ciel bleu. (Marine à Sainte-Marguerite-sur-Mer.)
La Grève. (Marine à Sainte-Marguerite-sur-Mer.)
Étude de vague.
Pivoines dans un pot.

1881

Vieille Picarde.

Salon de 1890.
Musée de Béziers.

Vue de Dordrecht.
La Grève, le soir.
Dunes au Crotoy.
Étude au Crotoy.
Étude pour le 14 Juillet.
Étude de femme pour le 14 Juillet.
Petite étude de femme, le dos nu.
Esquisse du 14 Juillet.

Salon de 1920.

1882

Le 14 Juillet 1880.

Salon de 1882.
Musée de Versailles.

En Normandie. (La Vache.)

Salon de 1883.
Exposition Universelle de 1889.
Exposition centennale de 1900.
Palais de Fontainebleau.

Grande marée. (La Vague.)
Salon de 1896.
Salon de 1920.

Vieux matelot.
Le père Evrard.
Paysage en Normandie. (Chemin, sapins, chien noir.)
Soir à Sainte-Marguerite-sur-Mer.
Petite marine. (Effet de soleil.)
Petite marine. (Calme, effet bleu.)
Petite marine. (Vague, ciel bleu.)
Marine. (Ciel bleu.)
Marine. (Ciel gris, rayon lumineux.)
Marine. (Ciel de plomb, mer jaune.)
Marine. (Mer terreuse.)
La Mare. (Étude en Normandie.)
Coucher de soleil. (Route de Sainte-Marguerite.)
Fleurs (dans un pot à cidre posé sur une chaise.)
Portrait de M. Theulier.

1883

Portrait de Mme Marie Roll.
Salon de 1883.
Musée de Nantes.

Rouby, cimentier.
Salon de 1884.
Musée de Genève.

L'Allée herbue.
Salon de 1896.
Musée de Valenciennes.

Taureau à tête noire.

Jeune taureau.

Exposition Universelle de 1900.

Salon de 1920.

La Barrière aux vaches. (Étude à Varangeville.)

Marine. (Effet de nuit.)

Portrait de L. de Fourcaud.

1884

Le Goûter. (Enfant avec sa bonne.)

Salon de 1890.

Exposition centennale de 1900.

Retour du bal.

Exposition de Bagatelle (1907).

Musée de Nantes.

Marianne Offrey, crieuse de vert.

Salon de 1884.

Musée de Pau.

Étude. (La Femme au taureau.)

Salon de 1885.

Exposition Universelle de 1889.

Musée de Buenos-Ayres.

Portrait de Mlle Marguerite Gustave Simon.

1885

Le Travail. (Chantier de Suresnes.)

Salon de 1885.

Exposition Universelle de 1889.

Musée de Cognac.

Le pont volant et la grue. (Étude à Suresnes.)
Le sol de l'écluse et les murs. (Étude à Suresnes.)
Effet de soleil. (Étude à Suresnes.)
Maçons au travail. (Étude à Suresnes.)
Maçons. (Étude à Suresnes.)

Musée de Tulle.

Petit cheval blanc. (Étude à Suresnes.)
Homme avec brouette. (Étude à Suresnes.)
Ouvrier. (Étude pour le Travail.)
La Veillée. (Obsèques de Victor Hugo) (inachevé).
La Veille des obsèques de Victor Hugo.

Musée Victor Hugo.

Place de l'Étoile. (Effet de lune).
Cacholin normand, marchand de poissons.
Au pâturage.

Musée de Grenoble.

Dans le potager.
Portrait de Mlle Jeanne Lacaussade.
La Femme à la chaise. (Étude.)

Salon de 1886.
Exposition Universelle de 1889.

1886

Damoye, paysagiste.

Salon de 1886.
Exposition Universelle de 1889.
Musée du Luxembourg.

Portrait du peintre.

Musée de Bordeaux.

Officier à cheval. (Étude pour la Guerre.)
Mulet mort. (Étude pour la Guerre.)
Soldat en marche. (Étude pour la Guerre.)
Soldat en tirailleur. (Étude pour la Guerre.)
Chemin à Bussy-le-Repos.
Coucher de soleil à Bussy-le-Repos.
Première esquisse de la Guerre.
Deuxième esquisse de la Guerre.
Ciel du soir. (Étude à Sainte-Marguerite-sur-Mer.)
Vallée de la Saane. (Quiberville.)

1887

La Guerre. (Marche en avant.)

Salon de 1887.
Musée du Luxembourg.

Portrait de Mme Tardieu.

Salon de 1891.

Jardin au printemps. (Sainte-Marguerite-sur-Mer.)
Soleil couchant. (Quiberville.)
Chaumière normande.

Musée de Grenoble.

Manda Lamétrie, fermière.

Salon de 1888.
Exposition Universelle de 1889.
Musée du Luxembourg.

Au trot. (Enfant à cheval.)

Salon de 1888.
Exposition Universelle de 1900.

Portrait de Mme Lalo.

Profil de rousse. (Pastel.)

Exposition des Pastellistes de 1888.

Soleil couchant. (Quiberville) (pastel).

Exposition des Pastellistes de 1888.

1888

Portrait d'Alphand.

Exposition Universelle de 1889.
Musée de la Ville de Paris (Petit Palais).

L'Agriculture. (Carton pour une mosaïque.)

L'Enfant au taureau.

Salon de 1889.
Musée de Béziers.

En été.

Salon de 1889.
Musée de la Ville de Paris (Petit Palais).

Portrait de Mme Guignard.

Exposition Universelle de 1889.
Exposition de Bagatelle (1909).

L'Agriculture. (Carton au crayon.)

Salon de 1889.
Musée de Bordeaux.

Au crépuscule. (Pastel.)

Exposition des Pastellistes de 1888.

Étude de mer. (Pastel.)

Exposition des Pastellistes de 1888.

Après le bain. (Pastel.)

Exposition des Pastellistes de 1888.

Au bord de l'eau. (Pastel.)

Exposition des Pastellistes de 1888.
Exposition Universelle de 1900.

1889

La Seine en 1889. (Effet de nuit.)

Salon de 1890.

Portrait de M. Yves Guyot.

Salon de 1890.

Le Sommeil. (Femme rousse endormie.)

Salon de 1896.
Exposition centennale de 1900.

Étude au bassin de Neptune.
Retour de Douvres.
Tête de jeune fille au soleil.
Profil de femme rousse avec chapeau et voilette. (Étude pour le Centenaire.)
La Femme à l'ombrelle. (Étude pour le Centenaire.)
Le Trocadéro et le Palais du Portugal vus du Pont de l'Alma, vers le soir.

Fête de nuit. (Esquisse.)
Femme dans l'herbe.
Jeune femme en rose dans un sous-bois.
Retour de Douvres. (Pastel.)

Exposition des Pastellistes de 1890.

Ponton et Palais du Portugal. (Pastel.)

Exposition des Pastellistes de 1890.

Portrait de Mlle Blanche Picard. (Pastel.)

1890

Portrait de Mme Jane Hading.

Salon de 1890.

Portrait de Coquelin cadet.

Salon de 1890.
Musée de Boulogne-sur-Mer.

Portrait de Mme Bloch.

Salon de 1890.

Mer funèbre.

Salon de 1890.

Étude de mer sauvage. (Brouillard.)
Étude à Quiberon.
La Vague verte.
Chevaux remontant le galet.
Femme nue debout.
Femme nue au chien.

Le peintre Thaulow et sa femme.

Salon de 1891.
Musée de la Ville de Paris (Petit Palais).

Jeunes filles dans un parc.

Salon de 1891.
Musée de Dieppe.

Mère et enfant.

Salon de 1891.

Étude de roses, dans un jardin.
Lever de soleil à Varengeville.
Polytechnicien.

Salon de 1891.

La jeune fille au béret noir. (Étude pour le Centenaire.)
Le président Carnot. (Étude pour le Centenaire.)
Portrait d'Antonin Proust. (Pastel.)

Exposition des Pastellistes de 1890.
Salon de 1890.

La Vague verte. (Pastel.)

Exposition des Pastellistes de 1890.

Femme nue assise. (Pastel.)

Exposition des Pastellistes de 1890.

Femme nue au chien. (Pastel.)

Exposition des Pastellistes de 1890.

1891

Étude. (Étreintes.)

Salon de 1891.
Musée de Dijon.

Portrait de l'amiral Krantz.

Salon de 1891.
Musée de Savannah.

Portrait de Tirard.

Salon de 1891.
Musée de Béziers.

Alsacienne et Lorraine. (Étude pour le Centenaire.)

Musée de Nîmes.

Femme en chapeau de paille. (Étude pour le Centenaire.)
Tête du peintre de profil. (Étude pour le Centenaire.)
Portrait de M. Fallières.
Amandiers en fleurs. (Étude à Toulon.)
Route de Nanterre. (Étude d'hiver.)
Esquisse du Centenaire.

1892

Louise Cattel, nourrice.

Salon de 1894.
Musée de Lille.

Femme Ragard, pauvresse.

Salon de 1894.
Exposition Universelle de 1900.

Portrait de Mlle Blanche Lucas.

Portrait du capitaine Ebner. (Étude pour le Centenaire.)

Au printemps. (Jardin en Normandie.)

Arbres en fleurs.

Jardin abandonné.

Étude au matin. (Sainte-Marguerite-sur-Mer.)

Cour de ferme, au printemps.

La Pieuvre. (Une femme blonde, les seins nus, et une tête d'homme.)

Honte. (Pastel.)

Exposition des Pastellistes de 1893.
Exposition Universelle de 1900.

Bourgeoisie. (Pastel.)

Exposition des Pastellistes de 1893.

Fatalité. (Pastel.)

Exposition des Pastellistes de 1893.

Chair. (Pastel.)

Exposition des Pastellistes de 1893.

Valse. (Pastel.)

Exposition des Pastellistes de 1893.

Femmes folles. (Pastel.)

Exposition des Pastellistes de 1893.

1893

Le Centenaire.

Salon de 1893.
Musée de Versailles.

Femme nue, debout, au milieu de branchages.

Femme nue, tenant un violoncelle.

Femme nue, assise, tenant une chemise rose.

Femme nue, en plein air, assise sur une draperie rouge, des fleurs à la main.

Petite Ève. (Nu en plein air.)

Jeune fille en rose, tenant une ombrelle.

Coucher de lune.

Étude de ciel, avec croissant nimbé.

Crépuscule du matin. (Lande de Sainte-Marguerite-sur-Mer.) (Ciel rose.)

Crépuscule du matin. (Ciel un peu gris. Gros arbre à droite).

Crépuscule du matin. (Ciel avec nuages. Arbre.)

Effet du matin. (Lune en croissant).

Effet du matin. (Grand vent, gros nuages gris).

Effet du matin. (Ciel bleu et rose, branches et arbres).

Etude pour Exode.

Exode. (Pauvres gens).

Salon de 1894.
Exposition Universelle de 1900.
Musée de la Ville de Paris (Petit Palais).

Ouvriers de la Terre.

Salon de 1894.
Exposition Universelle de 1900.

Femme nue assise et penchée. (Pastel.)

Exposition des Pastellistes de 1894.
Musée de Zurich.

Anniversaire de Victor Hugo. (Dessin avec pastel.)
Musée Victor Hugo.

1894

Trou de l'Enfer. (Étude à Belle-Ile.)
Mer furieuse. (Belle-Ile.)
Mer sauvage. (Belle-Ile.)
Vieux fort. (Belle-Ile.)
Effet de soleil. (Étude à Ermenonville.)
Étude dans le parc d'Ermenonville.
Glycines. (Étude à Ermenonville.)
Étude à Trianon. (Femme en rose.)
Étude de pêcheur. (Épinay-sur-Seine.)
Arbustes rouges. (Étude à Sainte-Marguerite-sur-Mer.)
Sapins. (Étude à Sainte-Marguerite-sur-Mer.)
Femme à la jupe jaune. (Étude en plein air.)
Esquisse des Joies de la vie.
Femme nue debout, en plein air, sous des feuilles ensoleillées.
Femme nue couchée, en plein air, sous des feuillages.
Portrait des enfants de M. Joseph Reinach.
Exposition de Bagatelle en 1910.

Portrait d'O. Gréard. (Pastel.)
Exposition des Pastellistes de 1894.

Dessus de porte. (Sanguine, fusain et craie.)
Exposition des Pastellistes de 1894.
Exposition Universelle de 1900.
Musée de Colmar.

Matin rose. (Pastel.)

Exposition des Pastellistes de 1894.

Matin gris. (Pastel.)

Exposition des Pastellistes de 1894.

Coucher de lune. (Pastel.)

Exposition des Pastellistes de 1894.

1895

Les Joies de la vie. (Femmes, fleurs, musique.)

Salon de 1895.
Hôtel de Ville de Paris.

M. Gréard présentant les plans de la Sorbonne au président Carnot.

Sorbonne.

Étude à Barbizon.
Étude à Fontainebleau. (Arbre blanc, effet d'hiver.)
Automne dans la forêt. (Étude à Fontainebleau.)
Femme nue à la draperie blanche. (Étude en plein air.)
Dans un jardin. (Femme et enfant.)

Salon de 1896.

Premiers rayons. (Effet du matin. Jeune paysan sur un cheval bai.)

Salon de 1896.

Enfant au torse nu, sur un cheval rouan.

Salon de 1899.

Amoureux. (Carton au pastel pour les Joies de la vie.)

Salon de 1895.

Musée de Prague.

Musiciens. (Carton relevé de pastel pour les Joies de la vie).

Salon de 1895.

Exposition Universelle de 1900.

Lycée Michelet, à Vanves.

Femme nue. (Carton au pastel pour les Joies de la vie.)

Salon de 1895.

Musée de Cognac.

1896

Portrait de Mme Waldeck-Rousseau.

Salon de 1896.

Portrait du peintre Jean Cabrit.

Salon de 1896.

Portrait de Félix Faure avec son petit-fils René Berge.

Étude pour un portrait de Félix Faure à cheval.

Portrait du peintre. (Tête de face.)

Portrait de René Berge.

Étude de nu. (Femme avec manteau violet et fourrures.)

Cheval au galop monté par un soldat.

Étalon alezan brûlé du haras du Pin.

Lever de soleil au bord de la mer.

Le phare d'Ailly au petit jour.

Le Laboureur. (Étude pour l'écoinçon Champs et Soleil.)

Salon de 1897.

Coucher de soleil sur la falaise. (Étude pour l'écoinçon Champs et Soleil.)

Salon de 1897.

Rêve en Normandie. (Étude pour l'écoinçon Rêve et Lune.)

Musée de Loudun.

Portrait de Mlle Fauré-Lepage.

Portrait du peintre. En pied, de profil. (Pastel.)

Exposition des Pastellistes de 1896.

Irlandaise. (Pastel.)

Exposition des Pastellistes de 1896.

Torse nu avec fourrures. (Pastel.)

Exposition des Pastellistes de 1896.

Damnée nº 1. (Femme nue tombée, la tête en avant.) (Dessin aux trois crayons).

Exposition des Pastellistes de 1896.
Exposition Universelle de 1900.

Sommeil. (Une femme nue, vue de face, est assise et dort, une draperie noire sur les genoux.) (Pastel.)

Exposition des Pastellistes de 1896.

Nu plafonnant. (Pastel.)

Exposition des Pastellistes de 1896.

1897

Les Joies de la vie. (Champs et Soleil.) (Double écoinçon.)

Hôtel de Ville de Paris.

Les Joies de la vie. (Rêve et Lune.) (Double écoinçon.)

Hôtel de Ville de Paris.

Portrait de Henri Rochefort.

Salon de 1897.

Arbres en fleurs. (Pommiers à contre-jour.)

La Maison de la Malade. (Effet de lune.)

Étude pour la Malade. (Femme en chemise bleue, effet de lumière à l'intérieur.)

Étude pour la Malade. (Femme en chemise rouge, effet de lumière à l'intérieur.)

Étude pour la Malade. (Plein air.)

La Malade.

Exposition Universelle de 1900.
Musée de Bordeaux.

Le vieux faucheur. (Varengeville.)

Le tsar Nicolas II. (Étude en pied.)

La servante au pot. (Pastel.)

Exposition Universelle de 1900.

Portrait de jeune fille. (Dessin aux trois crayons.)

Exposition Universelle de 1900.

1898

Esquisse du Souvenir commémoratif du pont Alexandre III.

Coucher de soleil au Revard.

Le Lac du Bourget.

Femme nue. (Étude pour le cadre du Souvenir commémoratif.) (Dessin.)

Musée de Reims.

1899

Souvenir commémoratif de la pose de la première pierre du pont Alexandre III. (Avec cadre sculpté par le peintre.)

Salon de 1899.
Exposition Universelle de 1900.
Musée de Versailles.

Portrait du peintre Alfred Smith.

Salon de 1899.

Portrait de M. Paquin.

Salon de 1899.
Exposition de Bagatelle en 1908.

Vue de Granville, à marée basse.

L'Église dominatrice. (Granville.)

Salon de 1902.

Portail de la cathédrale de Rouen.

Salon de 1902.

Les ponts de Rouen, vus d'une fenêtre.
Portrait de Mlle Jeanne Prudhomme. (Pastel.)

Exposition Universelle de 1900.

Buste de M. André Manaut. (Bronze.)

Salon de 1899.

Indifférence. (Buste terre cuite.)

Musée de Lille.

Indifférence. (Buste marbre.)

Salon de 1899.

1900

Portrait de M. Marcel Roll.
Le Nuage. (Baie de Villefranche.)
Nuit. (Baie de Villefranche.)
Étude à Saint-Jean. (Jardin.)
Étude à Saint-Jean. (Femme en corsage rouge.)
Étude à Fouesnant. (Lever de lune.)
Coucher de soleil, à Fouesnant.
Le Sémaphore de Begmeil.
Petits Bretons.
Vieille bretonne et sa petite fille.
Les petites du Menuisier.

Salon de 1902.

La Montagne verte. (Pyrénées.)
Buste de M. Marcel Roll. (Bronze.)

Salon de 1902.

Buste de Mme Paquin. (Marbre.)

Salon de 1902.

Buste de Mme Gueydan. (Marbre).

1901

La Dame à la toque de fourrure.

Salon de 1902.

La Vieille au fagot.

Salon de 1902.

Drame de la terre.

Salon de 1902.
Musée de Lisbonne.

Bretonnes en deuil.

Musée de Brives.

La Partie de cartes.
Orage sur la Montagne. (Corse.)
Vue d'Ajaccio.
Ville rose.

1902

La Lecture.
Chevaux corses.

Salon de 1903.

La Diligence. (Route de Bastia.)
Environs d'Ajaccio.

La Corse en hiver.
Étude à Bastelica.
Le Roi des Aulnes, légende bretonne.

Salon de 1903.

Maternité.

Salon de 1903.

Calvaire.

Salon de 1903.

1903

Ville des fumées. (Grasse.)
Madame Ida.
Portrait de M. Joseph Caillaux.
Portrait du Comte de Valon en chasseur.

Salon de 1908.
Musée de Rouen.

Junon.

Salon de 1904.

Étude des Troyens à Carthage.

Salon de 1904.
Musée du Luxembourg.

La Mère.

Salon de 1904.

Arménie. (Femme morte à demi-nue.) (Dessin noir et blanc.)

1904

Portrait de M. Roubaud.
Effet d'orage aux environs de Grasse.
Jeunesse en rose.
Salon de 1905.
Musée de Bordeaux.

Damnée n° 2. (Sanguine.)
Salon de 1904.

Damnée n° 3. (Dessin aux trois crayons.)
Salon de 1904.

Damnée n° 4. (Dessin aux trois crayons.)
Salon de 1904.

La Poupée. (Damnée n° 5.) (Dessin aux trois crayons.)
Salon de 1905.
Musée de la Ville de Paris (Petit Palais).

1905

Les Joies de la vie. (Art, mouvement, travail, lumière.)
Salon de 1905.
Hôtel de Ville de Paris.

Portrait de Mlle Keyser.
Portrait de M. Roger Milès.
Dragon.
Salon de 1906.
Chambre des Députés.

Après la douleur. (La Femme au matelas.)

Salon de 1906.
Salon de 1920.

Journée d'été n° 1. (Trois femmes assises dans un parc.)

Salon de 1906.

Cheval.
Damnée n° 6. (Dessin aux trois crayons.)

Salon de 1905.

1906

Tristesse.

Salon de 1906.

Journée d'été n° 2. (Une femme en jaune assise, un chien à ses pieds, un cheval bai dans le fond.)
Petit plein air n° 1. (Petit nu de dos.)

Salon de 1907.

Caresse de soleil.

Salon de 1907.

Liberté. (Cheval au galop.)

Salon de 1907.

Le Récit.

Mairie de Bois-le-Roi.

Dames dans un parc.
Belle de nuit.

Salon de 1907.

1907

Pandore, fille du Chaos.

Musée de Béziers.

Petite République.

République aux fleurs.

Journée d'été n° 3. (Femme en bleu, assise et buvant; un chien, une autre femme vue de dos.)

Journée d'été n° 4. (Femme en jaune, assise et lisant; un chien et un cheval noir.)

Salon de 1908.

Journée d'été n° 5. (Deux femmes, deux chiens et, au fond, des femmes nues près d'une rivière.)

Salon de 1908.

Femme nue assise, feuilletant un album.

Homme nu, mort. (Étude pour Vers la Nature, pour l'Humanité.)

Esquisse de Vers la Nature, pour l'Humanité.

Morte. (Dessin aux trois crayons.)

Musée de Nantes.

1908

Vers la Nature, pour l'Humanité.

Salon de 1908.
Sorbonne.

Petit nu n° 1. (Femme de face.)

Petit nu n° 2. (Femme de dos, rayon de soleil.)

Petit nu n° 3. (Femme de dos, pleine lumière.)

Petit nu n° 4. (Femme rousse à contre-jour.)

Journée d'été n° 6. (Deux femmes dans un parc, assises et causant. Un enfant dans le fond.)

Portrait de Mme Marguerite Herold.

Jeune République.

Salon de 1909.
Musée du Luxembourg.

Jeune République. (Réplique.)

Portrait de Mlle Annette May.

Portrait de Mme Christian Lazare.

1909

Portrait du peintre (un album à la main).

Salon de 1912.

Portrait du Dr Hartmann.

Salon de 1909.

Portrait de Mme Goudchaux.

Salon de 1909.

Panneau décoratif.

Salon de 1909.

Joyeux accueil.

Portrait de Mme Paquin.

Journée d'été n° 7. (Femme assise de dos. Une ombrelle, deux chiens. Enfants jouant. Jardinier dans le fond.)

Salon de 1911.

Petit plein air n° 2. (Nu. Draperie orange-rouge.)
Petit nu n° 5. (Draperie orange.)
Femme au chien.

Salon de 1911.
Salon de 1920.

Torse de jeune femme.
Esquisse pour le panneau décoratif
Coucher de soleil. (Mer sombre.)

1910

Esquisse du plafond Apothéose.
Montagnes. (Étude à Sion.)
Portrait de M. Bricon.
Femme en blanc.

Salon de 1912.
Musée du Luxembourg.

Fleur rouge. (Nu en plein air.)
Petit nu n° 6. (Draperie jaune.)
Cheval cap de maure. (Étude pour San Martin.)
Esquisse de San Martin.
Étude en plein air. (Femme nue debout. Soleil.)
Étude en plein air. (Femme nue debout.)

1911

Le Libérateur José de San Martin. (Carton pour une tapisserie.)

Salon de 1911.
Manufacture des Gobelins.

Chevaux affrontés.

Salon de 1912.
Salon de 1920.

Étude pour chevaux affrontés. (Cavalier rouge sur un cheval blanc.)

Étude pour chevaux affrontés. (Deux têtes de chevaux.)

Étude pour chevaux affrontés. (Tête de cheval blanc.)

Étude de cheval noir.

Dans le ciel. (Esquisse pour un petit plafond.)

Salon de 1913.

Diane. (Femme nue assise. Un chien.)

Le grand lit. (Nu.)

Esquisse pour une peinture décorative.

Salon de 1912.

Étude pour un plafond. (Femme nue de dos.)

1912

Portrait de M. et Mme Bricon.

Portrait de M. Léon Bourgeois.

Salon de 1913.

La Chambre rose.

Salon de 1913.

Petit nu n° 7. (Femme dansant. Draperie rose.)

Fleurs dans le potager.

Soleils dans le potager.

L'Allée de Bourgogne. (Forêt de Fontainebleau.)

Nu. (Femme de dos.)

Apparition. (Femme nue de face.)

Femme nue. (Dessin aux trois crayons.)

Musée du Louvre.

Femme nue à cheval. (Dessin aux trois crayons.)

1913

Apothéose. (Plafond.)

Salon de 1913.
Petit Palais.

En Juin. (Portrait de Mlle Diéterle en plein air.)

Salon de 1914.

Profil de Mlle Diéterle.

L'Adieu. (Première recherche.)

Femme nue debout dans un manteau de fourrure.

Femme nue debout dans un manteau violet.

Petit nu n° 8. (Femme rousse.)

Petit plein air n° 3. (Femme nue assise de face).

Journée d'été n° 8. (Femme assise de dos dans un parc. Banc rouge. Deux chiens. Deux vases bleus.)

Étude sur les bords de la Seine.

Étude à Chailly.

Étude de ciel.

Esquisse de Poésie-Drame.

Agar. (Pastel et aquarelle.)

La Mort. (Dessin blanc et bleu sur papier rouge.)

1914

Poésie-Drame. (Plafond.)

Salon de 1914.
Petit Palais.

L'Adieu.

Salon de 1914.

Journée d'été nº 9. (Femme en bleu vue de face. Une ombrelle. Deux chiens.)

Journée d'été nº 10. (Deux femmes dans un parc. Un chien noir.)

Le potager avec des roses (inachevé).

Ciel. (Nuit du 1er août 1914.)

Portrait de Mme Aubert.

Étude pour le portrait de Mme Weill-Goudchaux.

Esquisse de Musique fantastique.

1915

Portrait de Mme Weill-Goudchaux.

Exposition de 1919.

1914. — *Aux armes!* (Première recherche.)

Mlle Madeleine Roch disant la Marseillaise.

Imprécation.

Étude pour Musique fantastique.

Damnée nº 7. (Dans les flammes.) (Dessin aux trois crayons.)

Affiche pour la Journée de l'Orphelinat des armées. (Dessin au crayon noir.)

1916

1914. — *Aux armes !*
Exposition de 1918.
Musée du Luxembourg.

Journée d'été n° 11. (Femme en bleu. Un chien. Trois jeunes enfants.)

Journée d'été n° 12. (Deux femmes, dont l'une debout. Un chien.)

Portrait de Mme Dennery.

La Parisienne. (Profil de Mme Weill-Goudchaux.)

Anathème. (Femme en jupe rouge, poitrine nue.)

Affiche pour les blessés de la tuberculose. (Pastel.)

1917

Portrait du Dr Broca.

Le Christ. (Esquisse.)
Salon de 1920.

La Tasse de thé. (Deux femmes, l'une en blanc, l'autre en jaune.)

Dans un parc.

Femme avec enfant.

1918

Musique fantastique. (Plafond.)
Exposition de 1919.
Petit Palais.

La Répétition.

Exposition de 1919.

Portrait du Dr Pouzet.

L'Échappée.

Petit nu n° 9. (Femme debout.)

Reims pendant le bombardement. (Première recherche.)

Etude pour Délivrance.

Étude de ciel à Cannes. (Vue de l'Esterel.)

Étude de ciel à Cannes. (Soleil couchant.)

Tête de femme brune. (Fond rouge.)

L'Empereur sanglant. (Esquisse.)

Damnée n° 8. (Femme étendue.) (Sanguine.)

Damnée n° 9. (Femme à quatre pattes.) (Dessin aux trois crayons.)

Délivrance. (Pastel.)

1919

Reims pendant le bombardement. (Vision dans une cave de l'hôpital général).

Exposition de 1919.

Portrait du Dr Morestin.

Portrait de Mme Weill-Goudchaux. (Médaillon).

Portrait de Mme René Renoult. (Inachevé).

Portrait de M. Mignot. (Ébauche).

Femme sauvage. (Femme nue accroupie). (Dessin noir et blanc sur papier feutré).

Femme nue assise, les bras levés. (Dessin noir et blanc sur papier feutré. — Dernier dessin de Roll.)

TABLE DES PLANCHES

TABLE DES MATIÈRES

ÉVREUX, IMPRIMERIE CH. HÉRISSEY. 508

(Extrait du Catalogue)

ESTHÉTIQUE

3953. — Coulommiers. Imp. PAUL BRODARD. — 4-24.

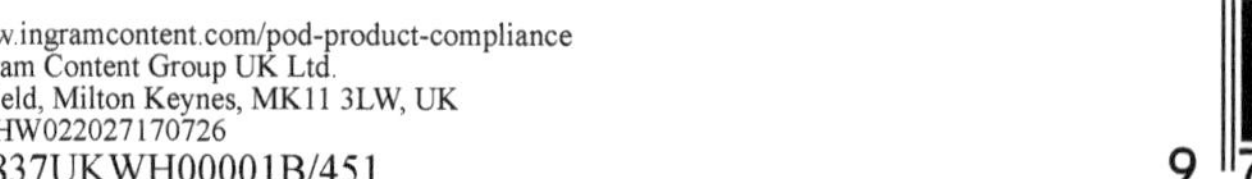

www.ingramcontent.com/pod-product-compliance
Ingram Content Group UK Ltd.
Pitfield, Milton Keynes, MK11 3LW, UK
UKHW022027170726
13837UKWH00001B/451